구도자의 길에
접어든
이들에게

르빔
Rebibim

구도자의 길에 접어든 이들에게

구도자의 길을 걷는 이를 위한 묵상글과
오르간 묵상 노래가 담긴 책
for 40days

초판 1쇄 발행 | 2022년 02월 16일

지은이 | 임영수
연주한이 | 임에스더
펴낸이 | 김효진

교정·교열 | 강수지
디자인 | 김보경
영상 | 김홍일 이수암
표지 사진 | 김홍일

주소 | 서울시 성북구 북악산로 795, 4F
이메일 | rebibim65@naver.com
인스타그램 | the.soul_after.the.rain
등록 | 2021년 9월 2일

ISBN 979-11-976487-1-7
ⓒ 임영수, 임에스더 2022

이 책 내용의 전부 또는 일부를 재사용하려면 반드시 저작권자와 르비빔 양측의 동의를 받아야 합니다.
책값은 뒤표지에 표시되어 있습니다.

*For those who have entered
the path of the truth seeker*

•―――――――――――――――•

구도자의 길을 걷는 이를 위한 묵상글과 오르간 묵상 노래가 담긴 책
for 40days

글쓴이의
프롤로그

―

이 길에 접어든 이들에게

　많은 사람이 자신이 진정 살아가야 할 길을 찾지 못해 평생 방황하며 살다가 생을 마치게 됩니다. 진정 자신이 누구인지를 알지 못하고 살다가 허무하게 생을 끝냅니다. 사람들이 그렇게 목말라 하며 찾고 있는 자신이 예수 그리스도 안에 있습니다. 예수님은 우리가 진정 자신으로 살아가는 길을 열어 놓으셨습니다.

　우리가 사순절에 더욱 깊이 묵상하는 예수님의 고난이란, 성취의 상징입니다. 예수님은 끝까지 하나님께 순종하는 길을 선택하셨습니다. 그 길이 예수님 자신으로 사시는 길이었습니다. 그뿐만 아니라 누구나 거짓된 삶이 아닌 참된 자기 자신으로 사는 길을 열어 놓으셨습니다. 우리가 십자가와 부활의 예수님을 믿는다는 것은 새로운 실존으로 살아가는 것입니다.

제가 지금까지 일관성 있게 살아가는 삶의 방식이 있습니다. 그것은 구도자(求道者)의 삶입니다. 이 길에서 제가 가지고 있던 삶의 문제와 질문에 대해 해답을 얻어 오고 있기 때문입니다.

저는 삼 대째 신앙을 이어 온 가정에서 태어났습니다. 그러나 청년의 시절에 묵상하는 삶을 배우게 되면서 비로소 하나님과 함께하는 삶이 무엇인지 알게 되었고, 여태껏 풀리지 않던 종교적, 도덕적 차원의 내적 비밀에 대해 해답을 얻을 수 있었습니다. 곧, 피상적인 신앙생활에서 벗어나 하나님과 사귐의 삶이 있는 경험적 신앙이 형성되기 시작했습니다.

이어 신학을 공부하며 저의 신앙생활의 궤도 수정이 없었던 것은 아니지만, 묵상하는 삶은 계속해서 점진적으로 성장해 나갔습니다. 그리고 바로 이 묵상의 삶이 제가 신학을 마친 후에 일관성 있게 구도자의 삶을 살아가도록 한 동기가 되었습니다.

저는 구도자로서 살아온 삶, 곧 존재 추구의 삶 속에서 하나님에 대한 인식이 올바로 형성되어 감으로, 성장 시기로부터 비롯된 상처와 자기 억압, 강박관념 등으로 왜곡된 신앙이 치유되어 갔습니다. 그럼으로써 제 자신과의 화해, 다른 사람과의 인격적 사귐, 자연에 대한 바른 이해와 친화의 삶이 실현되어 갔습니다. 이렇게 삶이 변화되며 감사와 기쁨, 자유와 희망이 저의 중심에 자리하게 되었습니다.

그리고 이러한 삶의 방식에서 저에게는 내면의 변화와 함께 외면의 삶의 변화도 있게 되었습니다. 하나님과의 사귐에서는 인간의 내면과 외면이 함께 변형되어 갑니다. 내면의 변화의 결과에 따라 기존의 교회 목회를 정리하고 모새골 사역을 준비하게 되었습니다. 모새골은 제가 구도자로서 살아온 삶의 결론입니다.

제가 어느 날 아침 묵상을 하는 중에 불현듯 "보아라, 내가 모든 것을 새롭게 한다."(계 21:5)는 말씀이 살아 있는 메시지로 들리면서, 그때까지 읽었던 독서의 내용, 신학 지식, 신앙적 경험들이 이 주제 안에서 새롭게 자리매김하는 것을 체험하게 되었습니다. 그러면서 저는 존재의 일체감과 기쁨, 희망을 경험하게 되었습니다. 이러한 경험은 제 삶에 또 한 번의 영적진화(靈的進化)의 사건이 되었습니다.

영적진화는 내면의 변화와 외면의 변화가 분리되지 않고 전 단계에서 다음 단계로 넘어서는 것을 의미합니다. 어머니의 태에서 형성된 아기는 그 자리에 머물고 싶어도 머물 수가 없습니다. 그 자리를 뒤로하고 그다음의 단계로 들어서야 합니다.

사도 바울이 "뒤에 있는 것은 잊어버리고, 앞에 있는 것을 향해 달려간다."(빌 3:13)고 한 것은 전 단계에 머물지 않고 그것을 뒤로하고 새로운 단계를 받아들인다는 의미입니다. 오고 있는 하나님 나라를 맞이하려면 이미 머물고 있는 자리를 뒤로해야 합니다. 그리고 오고 있는 하나님 나라에서 요청되는 새로운 삶을 덧입어야 합니다. 하나님과의 사귐이 현존하는 하나님 나라에 머무는 것이라면, 오고 있는 하나님 나라에서는 새롭게 덧입어야 할 내가 숨겨져 있습니다. 우리는 그것을 거부해서는 안 됩니다. 오고 있는 하나님 나라에 감추어져 있는 나를 덧입어 가는 데 희망과 기쁨이 있습니다.

예수 그리스도의 십자가의 죽음과 부활은 하나님께서 약속하신 새 하늘과 새 땅의 성취입니다. 십자가는 시작이면서 성취인 동시에 우리의 미래이며, 희망입니다. 예수 그리스도의 부활은 단순히 죽은 사람이 미래에 다시 살아난다는 것에 대한 보증이 아닙니다. 그것은 하나님께서 약속하신 새로운 세상에 대한 미래로서, 거기에는 성취와 보상이 담겨 있습니다.

이 길에 접어든 여러분이 이 책을 통해 새로운 삶을 덧입고 그리스도 안에서 새로운 실존으로 살아가는 은혜가 가득하기를 바랍니다.

2022. 1.

모새골에서 임영수 목사

연주자의
프롤로그

—

따스한 품

 오래전 새해의 아침, 아버지는 지금의 모새골이 세워진 양평의 골짜기로 우리 가족을 데리고 가셨다. 가는 길은 비포장길로 꿀렁 꿀렁거렸고 영하의 날씨로 춥고 매서운 바람이 불었다. 구불구불한 길을 따라 차를 타고 한참을 산골짜기로 들어가니 더욱 정돈되지 않은 막막한 풍경이 눈앞에 펼쳐졌다. 곳곳에 돌이 가득하고 수풀들은 엉켜 있었다. 어지러운 땅 이곳저곳을 가리키며 아버지는 앞으로 계획하신 이야기를 하셨다.

 채플이 저 위쪽 장소에 있을 것이고, 여긴 도서관, 여긴 숙소, 여긴……. 도무지 눈앞에 펼쳐진 풍경을 보고는 잘

그려지지 않는 그림이었지만 우리에게 설명하시는 아버지의 모습이 참으로 진지하셔서 열심히 고개를 끄덕이며 들었다. 몇 년 후 그곳에는 정말로 아버지가 말씀하셨던 모든 것들이 세워졌다. 황무지 같은 땅에 아름다운 모새골이 펼쳐졌다.

가까이에서 아버지가 하시는 일들을 보고 듣다 보면, 놀랍고 존경스러울 때가 많다. 또한 아버지처럼 영성이 깊은 분도 그 안에는 말 못할 어려움이 있고 고통이 있음을 알아 간다.

아버지께도 고뇌의 밤이 있으며 마음앓이가 있음을 알게 되면서 오히려 난 위로를 받는다. 한없이 부족한 영성을 가진 나에게 고통과 고난, 실수가 있는 것은 당연한 것임을 받아들이고 인정한다.

결혼 후 남편이 어느 날 내게 이런 이야기를 했다. 결혼식 날 장인어른의 표정이 밝고 행복해 보이셨다고. 남편은 딸을 보내시며 어떻게 저렇게 기분이 좋으실 수가 있지 생각을 했는데 아니나 다를까 십자가를 자기에게 넘기시며 맞이하시는 해방의 기쁨이었다고…… 그것을 이제야 알았다며 농담 반 진담 반 내게 웃으며 말했다.

십자가를 떠안은 남편은 나와의 결혼생활이 순탄치 않아서 꽤 힘들었을 거다. 나는 오랜 시간 남편 때문에 우리의 생활이 행복하지 않은 것이라 생각했다. 하지만 세월이 흐르며 모든 문제의 근원은 나로부터 시작되었음을 깨닫게 되었다.

타인 때문에, 당신 때문에 서운한 것들, 갈등의 원인들, 나를 갉아먹던 많은 정신적인 문제들로부터 어떤 순간 해방을 얻었는데, 그러면서 나의 삶이 좀 더 나아지고 수월해졌다. 그 해방이 어떤 대단한 변화와 거듭남이 있었던, 극적인 것은 아니었다. 언제부터 어떻게 얻어졌는지는 잘 기억나지 않는다. 그냥 서서히 상황을 바라보는 시선을 달리하는 연습을 했다. 의지로 가능하지 못한 것은 잠시 두고 천천히 고통을 마주하며 음미했다.

그리고 그런 변화에는 날 위해 늘 기도하시는 부모님과 내가 항상 어떤 모습이든 안아 주시는 다정한 하나님이 계시기 때문임을 알고 있다. 또한 그런 마음의 변화가 하나님께서 내게 가장 주고 싶어하신 선물이 아닐까 싶다.

나를 항상 안아 주시는 하나님을 더욱 가까이에서 만날 수 있는 다정한 장소. 모새골 채플은 새벽은 새벽대로, 아침은 아침대로, 오후는 오후대로, 밤은 밤대로 창으로 들어오는 빛이 좋다. 그리고 그 빛이 고요히 우리를 감싸 준다. 문을 열고 들어서면 보이는 정면의 십자가는 슬픔과 비통의 십자가가 아닌 우리를 사랑하시는 하나님과 예수님의 따스한 품처럼 여겨진다.

그리고 그곳에는 독일에서 날아온 파이프 오르간이 있는데 그 오르간을 통해 우리는 찬양을 부르며 우리의 마음을 오롯이 하나님과 예수님께 전할 수 있다.

오래전 그날, 아무것도 없던 땅에서 모새골을 꿈꾸며 말씀하셨던 아버지, 내 눈에는 그저 황무지 같은 산골짜기로밖에 보이지 않았는데 아버지는 거기서 하나님의 선물을 발견하셨다. 그것이 진정한 구도자의 길이 아닐런지…….

나는 여전히 그날, 그때 아버지의 표정을 잊을 수가 없다. 언젠가 아버지가 하나님을 만나러 천국에 가시는 날의 얼굴이 딱! 그런 모습이지 않으실까 싶다.

하나님의 따스한 품으로 들어가는 그런 순간, 그때야 비로소 고통과 고난에서 해방되어 영원을 안을 수 있으리라 생각된다.

2022. 1.

임에스더

차 례

For those who have entered the path of the truth seeker

글쓴이의 프롤로그 _ 004

연주자의 프롤로그 _ 010

묵상 노래 가이드 _ 020

묵상 노래 모음

  1. 찬송가 631장 우리 기도를 _ 024

  2. 바흐(J. S. Bach) Ich ruf zu dir, Herr Jesu christ(BWV 639) _ 026

  3. 찬송가 147장 거기 너 있었는가 _ 028

  4. 찬송가 144장 예수 나를 위하여 _ 030

  5. 찬송가 145장 오 거룩하신 주님 _ 032

  6. 찬송가 164장 예수 부활했으니 _ 034

  7. 찬송가 431장 주 안에 기쁨 있네 _ 036

  8. 바흐(J. S. Bach) Der Tag, der ist so freudenreich(BWV 605) _ 038

Day 01	단절의 고통을 대신 겪으시기 위해 _ 040	
Day 02	우리와 관계를 맺기 위해 _ 043	
Day 03	무엇을 추구하며 살아가고 있는가 _ 047	
Day 04	하나님의 부정과 긍정이 담긴 고난 _ 050	
Day 05	그 삶을 성취하기 위해 _ 053	
Day 06	삶을 성취해야 할 책임 _ 057	
Day 07	하나님의 일을 나타내는 기회 _ 060	
Day 08	은혜의 위대성과 한 단계 더 높은 삶 _ 064	
Day 09	하나님으로부터 오는 자원 _ 069	
Day 10	영원히 이 현실 속으로 들어오시기 위해 _ 072	
Day 11	하나님과 유일한 관계에 계신 분 _ 076	
Day 12	인간의 모든 연약성을 경험하신 대제사장 _ 079	
Day 13	우리에게 생명을 주는 시련 _ 083	
Day 14	십자가에서 대면하는 나 _ 086	
Day 15	예수님이 말씀하신 자기 부인이란 _ 090	

Day 16	그 사이에 있는 그리스도를 따르는 삶 _ 094
Day 17	어떤 절망적인 상황 속에서도 열리는 문 _ 098
Day 18	나를 사랑하시는 그리스도가 나의 내면에 _ 102
Day 19	예수님과의 일치에서 하나님과의 일치를 _ 105
Day 20	예수님의 일관된 영적 여정 _ 109
Day 21	예수 그리스도를 잃어버리지 않도록 _ 113
Day 22	진실해질 수 있는 질문 _ 118
Day 23	우리 모두의 구주가 되신다는 것은 _ 122
Day 24	하나님의 생각은 다르다는 것을 _ 125
Day 25	말씀에 담긴 하나님의 생각과 길 _ 129
Day 26	그 순간에 너희도 돌봄을 받는다 _ 132
Day 27	이 길을 마련하러 가신 예수님 _ 136
Day 28	거할 곳이 많은 아버지의 집으로 _ 139
Day 29	자아의 종말이 하나님의 시작이므로 _ 142
Day 30	하나님의 아픔이, 하나님의 승리가 _ 146

구도자의 길에 접어든 이들에게
구도자의 길을 걷는 이를 위한 묵상글과 오르간 묵상 노래가 담긴 책
for 40day

Day 31   다른 사람을 용서하는 것은 _ 150

Day 32   새로운 삶이 현실이 되려면 _ 154

Day 33   믿음으로 받아들임으로 _ 158

Day 34   우리 앞에는 죽음이 아닌 부활의 때가 _ 162

Day 35   창조의 완성인 부활 _ 166

Day 36   숨어 계신 분, 예수 _ 170

Day 37   자기 개방과 포기, 동일시의 섬김 _ 174

Day 38   하나님의 지혜와 능력을 봅니다 _ 178

Day 39   자신을 십자가에 내놓으신 하나님 _ 182

Day 40   하나님은 생명이십니다 _ 186

연주자의 편지 /
묵상 노래 가이드

_ 사순절과 부활절을 보내며 말씀과 함께 듣고 부르실 수 있는 묵상 노래를 담았습니다.
찬송가와 바흐(Johann Sebastian Bach, 1685-1750)의 코랄입니다.

_ 바흐는 매우 신앙심이 깊은 작곡가이자 오르가니스트였습니다. 그가 음악을 만드는 이유는 오직 하나님께 영광을 돌리기 위함이었습니다. 그는 코랄을 많이 작곡했습니다. 코랄(회중 찬송, 합창곡)이라 불리는 음악용어는 지금으로 말하면 찬송가라 할 수 있습니다. 성경을 바탕으로 교회 절기에 따라 많은 코랄을 작곡하였고, 오르가니스트는 절기에 맞게 바흐의 코랄을 연주합니다.

_ 우리가 자주 부르고 가까이하는 찬송가도 가사와 선율을

하나하나 음미하면 더욱 좋습니다. 가사를 읽어 보시고 주제가 되는 선율을 들어 보신 후, 조용히 다시 불러 보세요. 있는 그대로의 선율을 깊게 묵상하시길 바라는 마음으로 변주 없이 본질에 가장 가까운 연주를 담았습니다.

_ 모새골의 파이프 오르간은 리거(Rieger)라는 오스트리아 회사에서 제작한 것으로 독일의 수도원에서 사용했던 악기입니다. 파이프 오르간의 수명은 매우 깁니다. 그만큼 제작과정이 정교하고 일일이 모두 손으로 만들어지기에 완성되기까지 시간이 꽤 오래 걸리는 건축물과도 같은 악기입니다.

파이프 오르간은 악기의 소리도 중요하지만 어떤 공간에서 어떤 울림을 가지느냐도 매우 중요합니다. 좋은 울림이 있는 공간에서 악기와 연주는 더욱 빛을 발하게 됩니다.

모새골 채플의
파이프 오르간

그런 면에서 모새골 채플에 설치된 파이프 오르간은 채플의 높은 천장과 공명 덕분에 더욱 아름답고 경건한 소리를 가질 수 있습니다. 소형 파이프 오르간이지만 하나님께 찬양을 올려 드리기에는 충분합니다.

_ 오르간은 양손과 발 페달로 연주되는 악기입니다. 발 페달도 단순한 지속음이 아닌, 손과 마찬가지로 똑같이 음계를 누르며 연주합니다.

모새골 파이프 오르간의 나무 발 페달에서 연주 시 '딱딱' 소리가 나는 경우가 있습니다. 특히, 바흐의 코랄 두 곡에서는 페달에 플롯 소리만 넣어 연주하기에 조금 더 부각되어 들리실 수도 있지만 이는 소음이 아닌 오래된 나무 페달에서 나는 연륜이 담긴 아름다운 소리입니다.

_ QR 코드를 스캔하여 묵상 노래를 감상하실 수 있습니다. 스마트폰의 카메라를 켜고, QR 코드에 대면 영상 사이트로 이어집니다. 네이버 어플의 스마트 렌즈나 QR 코드 스캔 어플을 활용하셔도 됩니다.

이어지는 페이지부터는 연주곡마다 해석을 실어 묵상 노래에 더욱 집중하시도록 했습니다.

특별히 묵상 노래 모음 영상도 오른쪽에 담았으니 계신 곳에서 깊은 은혜가 이어지시길 바랍니다.

묵상 노래 전곡 모음

찬송가 631장

우리 기도를

"주님, 내 기도를 들어 주십시오.
애원하는 내 소리에 귀를 기울여 주십시오."
(시편 143:1, 이하 새번역 성경)

가끔은 어떻게 기도해야 할지 모를 때, 또는 너무나 깊은 절망에 빠져 기도조차 할 힘이 없을 때 조용히 기도송을 부르면 조금 더 하나님 앞으로 가까이 갈 수 있지 않을까 생각해 봅니다.
'아멘'으로 마무리되는 기도송을 묵상의 마지막에 조용한 목소리로 불러 보세요. 반복하여 여러 번 불러 보아도 좋습니다.

우리 기도를 들어주시고

주님의 평화를 내려 주소서

아멘

*For those who have entered
the path of the truth seeker*

바흐(Johann Sebastian Bach)

Ich ruf zu dir, Herr Jesu christ (BWV 639)

바흐의 코랄은 성경을 바탕으로 작곡된 교회음악입니다. 고난주일에 연주되는 이 코랄은 "주 예수 그리스도여, 당신을 간절히 부르나이다"라는 제목으로, 십자가에 못 박히신 예수님을 생각하며 절망과 탄식으로 주님 앞에 나아가 기도를 드리는 마음을 담은 곡입니다. 절망 안에 우리를 두지 마시고 주 안에서 새롭게 살 수 있도록 기도하는 내용의 코랄입니다.

특히 십자가를 짊어지고 골고다 언덕으로 올라가시는 예수님의 발자국을 형상화하여 발 페달의 선율로 표현하고 있습니다.

이 곡을 연주할 때면 예수님의 고난을 대하는 비통하고도 한없이 감사한 마음을 가지고 한 음 한 음을 더 정성껏 연주하게 됩니다.

그러나 그가 찔린 것은

우리의 허물 때문이고,

그가 상처를 받은 것은

우리의 악함 때문이다.

그가 징계를 받음으로써

우리가 평화를 누리고,

그가 매를 맞음으로써

우리의 병이 나았다.

(이사야 53:5)

For those who have entered
the path of the truth seeker

찬송가 147장

거기 너 있었는가

"거기에는 많은 여자들이 멀찍이 지켜보고 있었는데,
그들은 예수께 시중을 들면서 갈릴리에서 따라온 사람이었다."
(마태복음 27:55)

주로 고난주간에 예수님의 십자가를 생각하며 부르고 묵상할 수 있는 노래입니다. '거기 너 있었는가' 우리 때문에, 우리 대신 십자가에 못 박히신 예수님이 우리를 향해 물으십니다.
이 곡은 흑인영가(Afro-American Spiritual)로 구전되어 온 선율입니다. 찬송가에는 꽤 많은 흑인영가가 있습니다. 과거에 그들이 핍박받고 고통받던 순간에도 예수님은 늘 함께하셨음이 분명합니다.

거기 너 있었는가 그때에

주님 그 십자가에 달릴 때

오 때로 그 일로 나는 떨려 떨려 떨려

거기 너 있었는가 그때에

*For those who have entered
the path of the truth seeker*

찬송가 144장

예수 나를 위하여

"원수 된 것을 십자가로 소멸하시고 이 둘을 한 몸으로 만드셔서, 하나님과 화해시키셨습니다." (에베소서 2:16)

어린 시절 제가 가장 좋아하던 찬송가 중 하나였습니다. 주일학교에서 예수님이 십자가에 달려 죽으신 이야기를 듣고 마음이 뭉클하여 울며 이 찬송을 불렀던 기억이 있습니다.
특히 마지막 4절과 후렴구의 반복되는 가사를 음미할 때면 더욱 예수님과 가까워지는 기분이 듭니다.
'아름답다 예수여 나의 좋은 친구 …… 예수님 예수님 나의 죄 위하여 보배 피를 흘리니 죄인 받으소서'

아름답다 예수여 나의 좋은 친구

예수 공로 아니면 영원 형벌 받네

예수님 예수님 나의 죄 위하여

보배 피를 흘리니 죄인 받으소서

*For those who have entered
the path of the truth seeker*

찬송가 145장

오 거룩하신 주님

"가시로 면류관을 엮어 그의 머리에 씌우고,"
(마태복음 27:29)

바흐의 마태수난곡에 있는 코랄 중 하나로 십자가에 못 박혀 죽으신 예수님의 고통과 사랑을 담은 찬송입니다. 주된 선율이 계속 반복되며 소프라노, 알토, 테너, 베이스까지 4성부 화음의 조화가 매우 아름답습니다.
지난 『동경의 시대를 사는 이들에게』에서도 이 곡을 연주하였습니다. 같은 곡이지만 다른 목소리를 가진 악기에 따라 곡의 느낌이 어떤지 비교하면서 들어 보셔도 좋습니다.

오 거룩하신 주님 그 상하신 머리

조롱과 욕에 싸여 가시관 쓰셨네

아침 해처럼 밝던 주님의 얼굴이

고통과 치욕으로 창백해지셨네

*For those who have entered
the path of the truth seeker*

찬송가 164장

예수 부활했으니

"그는 죽은 사람들 가운데서 살아 나셔서,"
(마태복음 28:7)

고난과 고통의 시간이 끝나고 마침내 부활하신 예수 그리스도를 찬양합니다.
가사에 반복되는 할렐루야의 의미는 바로, "찬양하라!"입니다. 기쁨의 찬송답게 빠르고 경쾌한 리듬을 가진 곡입니다.

\-

예수 부활했으니 할렐루야

만민 찬송하여라 할렐루야

천사들이 즐거워 할렐루야

기쁜 찬송 부르네 할렐루야

*For those who have entered
the path of the truth seeker*

찬송가 431장

주 안에 기쁨 있네

"누구든지 그리스도 안에 있으면, 그는 새로운 피조물입니다."
(고린도후서 5:17)

모새골에서 가장 많이 부르는 찬송 중 하나입니다. 우리나라 작사가(박성문), 작곡가(백태현)의 곡으로, 외국곡이 많은 찬송가에서 굉장히 의미 있는 곡입니다. 새 찬송가로 개정되면서 실리게 되었습니다.
이 찬송을 부를 때면 힘이 나서 또 다가오는 내일을 살아갈 용기와 희망이 생기곤 합니다.

—
주 안에 기쁨 있네 주 안에 살자

주 안에 평안 있네 주 안에 살자

불안이 연기처럼 스며들어도

주 안에 사는 마음 기쁨 넘치네

*For those who have entered
the path of the truth seeker*

바흐(Johann Sebastian Bach)

Der Tag, der ist so freudenreich (BWV 605)

"그날은 매우 기쁨의 날이며"라는 제목의 이 곡은, 바흐의 코랄로 기쁨과 감사의 마음을 담은 노래입니다.
우리가 매일매일 묵상을 하며 주님을 만나는 시간이 설레는 행복이 되고, 주 앞에 나아가는 일이 의무가 아닌 기쁨이길 바라는 마음입니다.
양손과 발 페달이 끊임없이 움직이며 밝고 명랑한 선율로 온몸과 마음을 다해 찬양을 드리는 선율이 담겨 있습니다.

‘그리스도는 고난을 겪으시고,

사흘째 되는 날에

죽은 사람들 가운데서 살아나실 것이며,

그의 이름으로 죄사함을 받게 하는 회개가

모든 민족에게 전파될 것이다' 하였다.

예루살렘에서부터 시작하여

너희는 이 일의 증인이다.

(누가복음 24:46-48)

*For those who have entered
the path of the truth seeker*

Day 01

단절의 고통을 대신 겪으시기 위해

기독교 신앙에서 제일 중요한 것은 하나님과의 교제입니다. 그런데 최초의 인간이 하나님과 교제하는 일에 실패했고, 그럼으로 예수님이 오시게 되었습니다.

예수님은 인간이 실패한 교제의 삶을 하나님을 신뢰하고, 순종함으로 실현해 가셨습니다. 그런 예수님에게 십자가 사건은 현실에서 하나님과 함께하는 여정의 마지막이었습니다. 그는 마지막에 구약의 엘리야처럼 그대로 하나님이 계신 곳으로 올라가시지 않았습니다. 예수님의 마지막은 십자가의 죽음이었습니다. 예수님은 십자가에서 운명하시기 전 "나의 하나님, 나의 하나님, 어찌하여 나를 버리셨습니까?"라는 절규로 현실의 생을 끝맺으셨습니다. 예수님의 이 마지막 말씀은 복음서를 읽는 독자들에게 의구심을 불러일으킵니다. '예수님은 끝까지 하나님께 순종하셨는데 결국은 왜 버림을 당하셨는가?'라는 물음입니다.

예수님이 십자가에서 운명하시기 전 마지막으로 "엘리 엘리 라마 사박다니"라고 외치신 이 절규를 그 시간에 십자가 밑에 있던 사람들도 다 들었습니다. 그들은 하나님께서 그를 버리셨다고 생각했습니다. 그런데 예수님이 운명하신 후에 성전 휘장이 위에서 아래까지 두 폭으로 찢어지고, 땅이 흔들리고, 바위가 갈라지는 사건을 통해서 그가 진정 하나님의 아들이라는 사실이 드러났습니다.

하나님께서 예수님을 버리신 것은 예수님 자신의 죄 때문이 아닙니다. 하나님을 신뢰하는 일에 실패하고 그분과 교제 없이 살아가는 인간의 죄 때문입니다. 예수님은 십자가에 달려 죽으심으로 그 죄를 담당하셨습니다. 예수님의 십자가 사건은 인간의 죄에 대한 하나님의 심판입니다. 예수님은 그 단절의 고통을 경험하신 것입니다.

인간은 그 누구도 하나님과 단절된 그 죄를 담당할 수 없습니다. 하나님은 그 죄를 그분의 아들에게 담당하게 하셨습니다. 누구든지 하나님과 교제의 삶, 즉 새로운 피조물의 삶을 살려면 하나님과 교제 없이 살았던 삶을 해결해야 합니다. 그렇지 않고는 하나님과의 교제가 불가능합니다. 하나님과의 교제는 옛것들에 한 가지를 더하는 관계가 아닙니다. 그것은 옛것들과의 완전한 단절 후에 이루어지는 새로운 차원의 관계이므로 옛것에 대한 청산 없이는 불가능합니다. 옛것들과의 관계에서 이루어지는 삶은 하나님 앞에서는 형벌의 대상입니다. 그러한 형벌을 예수님이 담당하셨습니다.

죽음은 단절을 의미합니다. 그러나 단절만으로는 안 됩니다. 나를 지배하던 것과의 단절 후에 새로운 영의 인도를 받아들여야 합니다. 예수님의 십자가에서 새로운 삶을 위한 단절이 이루어지고 그의 부활에서 새로운 삶이 시작됩니다.

> 낮 열두 시부터 어둠이 온 땅을 덮어서, 오후 세 시까지 계속되었다. 세 시쯤에 예수께서 큰 소리로 부르짖어 말씀하셨다. "엘리 엘리 라마 사박다니?" 그것은 "나의 하나님, 나의 하나님, 어찌하여 나를 버리셨습니까?"라는 뜻이다. (마태복음 27:45-46)

사랑의 하나님, 예수 그리스도 안에서 새로운 삶을 시작할 수 있게 됨을 진심으로 감사드립니다. 이 새로운 삶을 끝까지 성취해 갈 수 있도록 도와주세요. 아멘.

Day 02

우리와 관계를 맺기 위해

누군가가 저에게 "당신이 예수를 믿기 전과 믿은 후, 삶의 차이점은 무엇입니까?"라고 묻는다면 저는 이렇게 말씀드릴 수 있습니다. "예수님을 믿기 전에는 하나님과 교제가 없었는데 믿은 후에는 하나님과 교제가 있게 되었습니다. 하나님과의 교제가 저의 삶 전반에 걸쳐 새로운 지평을 열어 가고 있습니다." 그분이 다시 묻기를, "당신에게 그러한 교제가 무엇을 근거로 해서 이루어졌습니까?"라고 한다면, 저는 이렇게 답변할 것입니다. "지금으로부터 약 이천 년 전에 저 갈보리 언덕에서 십자가에 달려 죽으신 예수 그리스도에 근거합니다."

그분이 다시 저에게 묻겠지요. "도대체 그 사건이 당신과 무슨 관계가 있습니까?" 그때 저는 이렇게 답변할 것입니다. "갈보리 언덕에서 십자가에 달려 죽으신 예수 그리스도의 사건에서 하나님과의 교제 없이 살았던 저의 옛 사람이 죽게 되었고, 그가 다시 살아나심으로 저는 하나님과의 교제 가운데서 살아가는 새로운 삶을 시작하게 되었습니다."

그분이 다시 "어떻게 그 사건이 당신의 사건이 될 수 있습니까?"라고 물어 온다면, 저는 이렇게 대답할 것입니다. "저 역시 그 사건이 저와 아무런 관계가 없다고 생각하였는데 어떤 동기로 성경을 읽는 중에 그 사건이 하나님께서 저와 관계를 맺기 위해 오신 사건이라는 사실을 깨닫게 되었습니다. 아무런 과학적인 증명이 없지만, 오직 그 사건이 믿어지기 시작하면서 하나님과의 교제가 이루어지게 되었습니다. 믿음에서 하나님과의 관계가 성립되었고, 믿음에서 이루어진 관계에서 하나님을 향한 신뢰가 더욱더 견고해져 가고 있습니다."

저에게 새로운 삶이 있게 한 것은 예수 그리스도의 십자가와 부활이며, 그러한 사건을 발생시키신 분이 하나님이십니다. 그리고 그러한 사건이 저와 관계가 있는 사건이라는 사실을 깨닫고 믿게 하신 분이 성령이십니다. 성령은 저에게 하나님께서 하신 일을 깨닫게 하고 믿게 하고 받아들이게 하십니다. 그리고 성령이 하나님과의 교제를 갱신시켜 가고 계십니다. 성령은 저의 전 존재를 하나님 중심의 삶으로 통합시켜 가고 계십니다.

이 세상에 오신 예수님은 하나님을 신뢰하는 일에 실패하지 않으셨습니다. 예수님의 사역은 광야에서 사십 일 금식기도로 시작되었습니다. 금식기도 마지막 날에 사탄이 와서 하나님을 신뢰하지 말고 자신의 말을 믿고 따르라고 유혹했지만, 예수님은 사탄의 제안을 받아들이지 않고 하나님을 신뢰하셨습니다. 그리고 십자가의 삶을 선택하셨습니다.

만약 예수님의 삶의 목적이 자신의 행복, 명예, 영광에 있었다면, 그분은 사탄의 시험을 받아들이셨을 것입니다. 그러나 예수님의 삶의 목적은 오로지 하나님의 뜻이었습니다. 그 뜻은 우리가 하나님과 관계 맺는 새로운 삶을 살아가는 것입니다.

> 예수께서는 이렇게 말씀하셨다. "아빠, 아버지, 아버지께서는 모든 일을 하실 수 있으시니, 내게서 이 잔을 거두어 주십시오. 그러나 내 뜻대로 하지 마시고, 아버지의 뜻대로 하여 주십시오."(마가복음 14:36)

사랑의 하나님, 저에게 주신 새로운 삶은 성령의 도움 없이 바르게 실현해 갈 수 없음을 잘 알고 있습니다. 매일매일 성령의 도우심 가운데서 아름다운 조화의 삶을 이루어 가도록 도와주세요. 아멘.

Day 03

무엇을 추구하며 살아가고 있는가

갈보리 언덕의 십자가에서 예수님이 죽으신 사건, 그리고 예수님의 부활을 통해 그동안 숨겨져 있던 하나님의 희망과 평강의 생각과 계획이 드러났습니다. 하나님께서 하신 그 일을 믿음으로 받아들이는 사람에게는 언제나 그 일이 현재의 사건이 됩니다. 저의 경우 이렇게 말씀드릴 수 있습니다. 옛 사람인 제 자신은 십자가에서 죽고, 죽은 자 가운데서 다시 살아나신 예수 그리스도와 함께, 이제 하나님과 교제하며 살아가는 새로운 사람으로 태어나게 되었습니다.

그렇다고 저에게 옛 사람의 본성이 완전히 없어진 것은 아닙니다. 그 본성들은 하나님과 교제 없이 살아가는 가운데서 생겨난 것들이므로 하나님과의 교제 가운데서 그러한 문제들이 하나 하나 치유되고 보상되어 가고 있습니다. 저는 새로운 사람의 삶을 살아가고 있습니다.

그전에는 새로운 사람으로서 삶을 살아가는 길도 몰랐고 실현해 갈 수도 없었는데, 이제는 그 길에 들어서 있고 하루하루 그 목적으로 나아가고 있습니다. 전에는 분노가 곧 저였고, 정욕이 저였고, 탐욕이 저였습니다. 그런데 지금의 저는 탐욕이나 정욕의 노예가 아니라 하나님의 소유입니다. 저의 주인이 다릅니다. 하나님과 교제 없이 살았을 때의 저는 모든 것을 저의 의지로, 제 자신을 억압하고 모든 부정적인 의식들을 무의식 속에 숨겨 두곤 하였습니다. 그런데 지금은 그러한 것들을 하나님께 모두 내어놓게 되었습니다. 지금은 그러한 것들이 저를 지배하지 못하고 하나님의 영이신 성령께서 저를 하나님 중심의 삶으로 견인해 가고 계십니다.

예수님은 십자가의 삶을 살아가심으로 자신이 하나님의 아들이시라는 것과 하나님이 누구이신지를 드러내셨습니다. 그러한 예수님의 삶의 방식은 장차 예수님의 통치가 완전히 실현될 때까지 그분을 따르는 사람들에 의해 계속됩니다. 예수님과 함께 죽고, 부활하신 그리스도와 함께 새 생명의 삶으로 살아가는 우리는 그 길을 걸어야 합니다. 그러나 그리스도를 따르는 길은 현대인들, 심지어 그리스도인들에게조차 관심을 잃어 가고 있습니다. 사순절 기간에 우리는 주님의 고난을 묵상하면서 "나는 지금 무엇을 추구하면서 살아가고 있는가?"를 엄숙히 물어야 합니다.

> 그러므로 여러분이 그리스도와 함께 살려 주심을 받았으면, 위에 있는 것들을 추구하십시오. (골로새서 3:1상)

사랑의 하나님, 저에게 새로운 삶이 어떤 것인지를 알게 해 주셔서 감사합니다. 이제부터 저의 삶의 중심은 제가 아니고 하나님이십니다. 아멘.

Day 04

하나님의 부정과 긍정이 담긴 고난

아주 오래전, 올곧고 의롭게 살아간 한 사람이 있었습니다. 그는 하나님과의 관계에 있어서는 물론, 자기 자신에 대해서도 정직했습니다. 그리고 다른 사람과의 관계에 있어서도 진실되게 살아갔습니다. 그러한 그가 정치적 이유에서인지, 또는 종교적 이유에서인지 죄인으로 인정되어 재판을 받게 되었습니다. 그는 심문을 받는 과정에서 매우 비인격적인 대우를 받았습니다. 심문하는 사람들은 고문을 가하며 몹시 굴욕적인 언행과 행동으로 그를 대했습니다. 그렇지만 그는 살려 달라고 애원하거나 자신의 죄 없음을 변명하려 하지 않았습니다. 그는 도살장으로 끌려가는 어린 양처럼, 털 깎는 사람 앞에서 잠잠한 암양처럼 침착하고 온화한 모습이었습니다. 그의 자세는 조금도 동요하거나 흐트러지지 않았습니다.

사람들은 그에게서 얼굴을 돌렸고 그가 죄를 지었기 때문에 그러한 고난을 당한다고 생각했습니다. 그는 멸시받고, 그 사회에서 버림을 받아 고통을 많이 겪게 되었으며, 병까지 앓게 되었습니다.

이 고난의 종의 이야기에 고난의 중요한 의미가 숨겨져 있습니다. 먼저 일반적으로 사람들이 이해하고 있는 것과 같이 고난이란, 형벌이 아닙니다. 고난은 사랑과 심판의 상징입니다. 예언자 이사야는 고난의 종의 이야기에서 하나님의 생각은 우리의 생각과 다르다는 사실을 알려 주고 있습니다. 세상을 향한 하나님의 생각은 사랑과 희망입니다. 그렇지만 하나님은 의로운 분이기에, 하나님을 떠난 세상을 그분 하나님께서 받아들이기 위해서는 먼저 부정을 몸소 입어야 했습니다. 세상을 향한 하나님의 부정을 고난의 종이 담당했습니다. 고난의 종이 담당한 고난에는 하나님의 부정과 긍정이라는 역설적 의미가 내포되어 있습니다.

예언자는 고난의 종이 담당한 고난에 숨겨져 있는 하나님의 부정과 긍정, 즉 심판과 사랑에 대해 이렇게 말하고 있습니다.

그는 실로 우리가 받아야 할 고통을 대신 받고, 우리가 겪어야 할 슬픔을 대신 겪었다. 그러나 우리는, 그가 징벌을 받아서 하나님에게 맞으며, 고난을 받는다고 생각하였다. 그러나 그가 찔린 것은 우리의 허물 때문이고, 그가 상처를 받은 것은 우리의 악함 때문이다. 그가 징계를 받음으로써 우리가 평화를 누리고, 그가 매를 맞음으로써 우리의 병이 나았다. 우리는 모두 양처럼 길을 잃고, 각기 제 갈 길로 흩어졌으나, 주님께서 우리 모두의 죄악을 그에게 지우셨다. (이사야 53:4-6)

우리에게 자유를 주시는 하나님, 자유를 가로막는 장애물과 상처와 강박과 욕망과 두려움에 사로잡히지 않도록 도와주십시오. 아멘.

Day 05

그 삶을 성취하기 위해

고난이란, 성취의 상징입니다. 예언자는 고난의 종의 이야기에서 하나님의 거룩한 뜻을 성취하기 위해 고난을 피하지 않고, 고난을 자진해서 받아들인 종의 모습을 이렇게 묘사합니다.

"그는 굴욕을 당하고 고문을 당하였으나, 아무 말도 하지 않았다. 마치 도살장으로 끌려가는 어린 양처럼, 마치 털 깎는 사람 앞에서 잠잠한 암양처럼, 끌려가기만 할 뿐, 아무 말도 하지 않았다."(이사야 53:7)

고난의 종에게는 그가 성취하여야 할 삶이 있었습니다.

그것을 성취하기 위해서는 반드시 고난의 길을 걸어야만 했습니다. 그에게는 고난 자체가 목적이 아니고 그가 성취해야 할 삶이 그의 목적이었습니다.

사람에게는 누구에게나 그 자신이 실현해야 할 하나님의 부르심 가운데 있는 삶이 있습니다. 그것을 위해서 고난은 불가피한 것입니다. 그러한 삶의 목표가 없는 사람에게 고난은 의미 없는 것입니다. 고난의 의미가 없다는 것은 이루어야 할 목적이 없다는 말도 됩니다. 이 고난 받는 종의 고난은 새로운 삶을 위한 것입니다. 그 새로운 삶은 반드시 고난을 통과해야 합니다. 고난의 종은 그가 받는 고난의 끝은 죽음이 아니며, 새로운 삶으로 들어가기 위한 과정이라는 사실을 알고 있었습니다.

새 생명을 잉태한 여인에게는 생명의 형성과 해산의 과정에 고통이 있습니다. 그 고통은 무의미한 것이 아닌 새 생명을 탄생시키는 창조적인 것입니다. 그래서 고통이 있지만, 희망 가운데서 인내로 전과는 다른 임산부의 삶에 적응해 가는 삶을 배워 가게 됩니다. 사람은 태어나 모두 다 같은 유형의 삶을 살지는 않습니다. 각자 자신에게 주어진 유일한 길을 가야 합니다. 누구나 어떤 일을 하든지 하나님의 창조에 참여해서 참인간으로 살아가려고 할 때 거기에는 고난이 있습니다.

그러나 많은 사람이 고난 때문에 그가 살아가야 할 참된 삶을 실현하지 못하고 실패합니다. 그런데 고난의 종은 고난 때문에 그의 삶을 포기하지 않았습니다. 하나님으로부터 부르심을 받은 삶을 실현했습니다. 그는 고난 가운데 있는 하나님의 승리를 드러내 보였습니다. 참을 수 없는 굴욕과 고문 속에서도 그가 실현해 가야 할 삶을 포기하지 않았습니다. 예언자는 그 사실에 대해 이렇게 말합니다.

"고난을 당하고 난 뒤에, 그는 생명의 빛을 보고 만족할 것이다. 나의 의로운 종이 자기의 지식으로 많은 사람을 의롭게 할 것이다."(이사야 53:11상)

자신의 미래를 절망적으로 단정하고 있는 사람이 하나님의 생각은 그들의 생각과 다르다는 것을 알게 되면, 그전의 생각을 접고 새롭게 시작할 수 있습니다. 그러나 그때에도 역시 고난은 있습니다. 그러나 그때의 고난은 그전과 같은 의미는 아니게 됩니다. 희망을 향해 발돋움하는 과정이 됩니다. 사랑하고 포기하며 살아가는 삶의 방식을 익히며 삶을 성취해 가는 길로 나아가게 됩니다. 고난과 갈등에서 승리하는 삶을 살아가게 됩니다. 그런 사람에게는 절망의 노래가 아닌 승리와 감사의 찬송이 있게 됩니다.

고난의 종의 삶을 인간 역사에서 성취하신 분이 예수 그리스도이십니다. 예수 그리스도는 십자가를 지심으로 그 삶을 성취하셨습니다. 예수님은 십자가에 달리셔서 운명하시기 전, "다 이루었다."(요 19:30)라고 하셨습니다. 예수님의 고난은 고난 그 자체로 끝난 것이 아니고 부활의 승리로 이어졌습니다. 인간 운명의 마지막 종착점이 고난이라면 우리에게는 희망이 없습니다. 그러나 그렇지 않고 부활이 있습니다. 그래서 모든 고난에는 승리가 포함되어 있습니다.

예수께서 신 포도주를 받으시고서, "다 이루었다" 하고 말씀하신 뒤에, 머리를 떨어뜨리시고 숨을 거두셨다. (요한복음 19:30)

평화의 하나님, 우리의 삶을 성취하는 길이 진정 어떤 것인지 예수 그리스도를 통해 알게 해 주심을 감사합니다. 오늘도 하나님의 뜻이 하늘에서와 같이 저의 삶에서 이루어지기를 바랍니다. 아멘.

Day 06

삶을 성취해야 할 책임

세상에 태어나는 사람에게는 누구에게나 하나님의 사랑과 희망 가운데 있는 삶을 성취해야 할 책임이 있습니다. 비록 최초의 인간이 그 길에 실패했지만, 하나님은 인간을 포기하지 않으셨습니다. 하나님 자신이 그 길을 마련하셨습니다. 그 길을 예수님이 마련해 놓으셨습니다. 예수님이 그 길을 성취하셨습니다. 모든 사람에게 그 길이 열려 있습니다. 고난이 지나간 후에 무엇을 하겠다는 계획을 하면 안 됩니다. 고난 가운데서 현실을 살아가는 길을 배워 가야 합니다. 고난을 친구로 맞이해서 포기할 것을 포기하고 사랑하는 삶을 실천하고 하나님과 화해의 삶을 배워 가야 합니다.

고난은 삶의 본질적인 구성 요소입니다. 우리는 고통을

피할 수 없습니다. 피할 수 없는 고통을 짊어지는 길을 발견할 때에만 우리의 삶이 성장합니다. 칼 구스타프 융(Carl Gustav Jung)은 고난을 피하는 사람은 자주 노이로제를 앓게 된다고 했습니다. 그는 노이로제를 실존을 위해 필수 불가결한 고통의 대용품이라고 말합니다. 자신의 한계를 받아들이지 않는 사람은 노이로제에 걸린다고 했습니다. 그는 잘못된 인생관을 포기해야만 노이로제가 치유될 수 있다고 했습니다. 융은 동양 사람은 고통을 망각하려 하고 서양 사람은 약으로 달래려 한다고 했습니다. 그러나 고통은 극복되어야 하는 것이며, 그것을 기꺼이 짊어질 때만 극복된다고 했습니다.

저 멀리 갈보리 언덕 위의 십자가는, 세상에 대한 하나님의 생각은 심판과 저주가 아닌 사랑과 희망이라는 역설을 말해 주고 있습니다. 그리고 우리는 그 십자가로부터 고난은 형벌이 아닌 삶의 성취의 길, 승리로 가는 길이라는 메시지를 듣게 됩니다.

우리는 우리 자신이 그리스도를 위해 무엇을 이루려고 노력하기보다 그리스도께서 이루신 성취의 삶에 참여해 가는 삶을 살아가야 합니다. 우리는 이미 그리스도와 함께 십자가에서 죽고, 부활하신 그리스도와 함께 새로운 삶을 시작하였기 때문에 이 새로운 삶을 실제로 살아가는 일만이 남아 있습니다. 부활하신 그리스도와 함께 새 삶을 살아가야 합니다. 그렇게 하는 것이 하나님의 기쁨, 성취와 승리에 참여해 가는 길입니다.

우리의 삶에서 진정한 자족과 성취는 하나님의 기쁨, 하나님의 승리에 참여하는 데 있습니다. 우리는 이 세상에 살면서 유혹과 시험에 직면해 있습니다. 그리스도인의 삶의 참된 성취는 하나님의 기쁨, 하나님의 승리에 참여해 가는 데 있습니다. 그러한 경험이 우리를 유혹과 시험, 반복되는 옛 습관에서 벗어나게 합니다. 세상의 것들에 대한 곁눈질에서부터 우리를 자유롭게 합니다. 그때 비로소 우리 삶을 성취할 책임을 감당하게 됩니다.

"내가 이것을 너희에게 말한 것은, 너희가 내 안에서 평화를 얻게 하려는 것이다. 너희는 세상에서 환난을 당할 것이다. 그러나 용기를 내어라. 내가 세상을 이겼다."(요한복음 16:33)

하나님, 오늘도 제가 하나님의 기쁨, 하나님의 승리에 참여해 가도록 도와주십시오. 아멘.

Day 07

하나님의 일을 나타내는 기회

    우리는 인생의 도상에서 우리가 원하지 않는 질병, 재난, 신체적 장애, 정신적 고통, 죽음과 같은 역경 또는 고난을 만나게 됩니다. 우리가 그러한 불행한 일들을 만날 때 우리를 고통스럽게 하는 것은 역경 그 자체보다 그것으로 인해 우리가 겪게 되는 부정적인 경험들입니다. 그것들은 주로 단절, 절망, 소외, 죄책감, 두려움, 공포와 같은 것들입니다. 거기에서 한 단계 더 올라서서 고난에 대한 의미를 깨닫지 못할 때, 우리는 더욱더 고통스러워집니다.

    예수님은 하나님께서 하시는 일은 인간의 의로 이루어지는 것이 아니라 하나님에 의해 이루어진다고 말씀하셨습니다. 예수님은 바로 그 하나님께서 하시는 일이 시작되었다는 것을 알리셨습니다.

하나님께서 하시는 일은 예수께서 세상에 오심으로 이미 시작되었습니다. 하나님의 시간이 인간의 시간 속으로 들어온 것입니다. 이 하나님의 시간에는 인간의 우연 발생적인 사건과 사고가 하나님의 역사를 찾아내는 끊임없는 기회로 전환하게 된다는 것을 알리셨습니다.

우리 인간은 아담과 하와가 하나님과의 약속을 어긴 이래 대를 물려 오면서 자신의 양심뿐만 아니라 하나님의 눈으로부터 자신 생의 역사 속 어두운 부분들을 숨기며 스스로 경건한 체하려고 합니다. 그뿐만 아니라 우리는 스스로 우리의 심판관이 되어 하나님의 자비와 사랑을 제한하면서 두려워 떱니다. 그래서 우리는 자신의 고통뿐 아니라 우리를 위한 하나님의 고통에서부터 우리 자신을 단절시킵니다.

그러나 하나님의 시간 가운데서 하나님은 그와는 반대로 병든 사람들이나 슬퍼하는 사람들, 신체적 또는 정신적 장애가 있는 사람들, 가난과 억압으로 고통받는 사람들, 세상이나 종교적 교리에 갇혀 있는 사람들을 새로운 생의 비전과 희망, 약속으로 일으켜 세우십니다.

고난 앞에서 "누구의 죄 때문입니까?"라는 질문은 인간이 인간의 고난에 대해 스스로 판단하고, 제한한 가운데서 나온 질문입니다. 하나님의 시간에서 인간의 제한과 판단은 하나님께서 하시고자 하는 일에 방해가 됩니다. 그러한 제한과 판단 가운데서는 인간의 역경에 대한 어떤 희망적인 길도 보이지 않습니다. 오직 깊은 탄식, 절망뿐입니다. 그러나 하나님의 시간 가운데서 한 인간의 불행은 하나님께서 하시는 일을 나타내는 '기회'가 됩니다.

늘 본다고 하지만 진정 보아야 할 것을 보지 못하기 때문에 우리는 고난의 깊은 터널에서 방황하게 됩니다. 우리 나름대로 만들어 내는 종교적인 기준들이 너무 많습니다. 그러나 진정 보아야 할 것을 볼 수 있다면, 고난 가운데서 하나님을 찬양할 수 있고, 그를 기뻐할 수 있습니다. 우리에게 닥친 고난이 하나님께서 하시고자 하는 일을 나타내는 기회라는 것을 볼 수 있는 사람에게 고난은 저주, 형벌이 아닙니다. 고난이라는 인생의 밤에 고백하는 찬양이 됩니다.

하나님의 시간에서는 그 어떤 고난도 운명이나 형벌이 아닙니다. 하나님의 시간에서 그것은 회개, 새로운 시작, 창조입니다. 하나님께서 이미 우리 죄를 담당하셨기 때문에 우리의 운명을 지배하는 모든 어둠의 세력은 그 힘을 잃어버렸습니다. 하나님의 시간에서는 더 이상 어둠의 권세가 위력을 발휘하지 못합니다.

그러나 우리는 하나님께는 아무런 문제가 되지 않는 것을 굉장히 큰 문제가 되는 것처럼 크게 부각해 놓고는 나름대로 판단과 제한을 하고, 그것을 철저히 지켜 갑니다. 그러면서 실제로 하나님께서 문제로 삼는 것에 대해서는 매우 소홀히 합니다. 그래서 신앙생활이 자기 자신이 만들어 놓은 많은 규정에 얽어매여 있을 때가 많습니다.

우리는 낮 동안, 즉 하나님께서 우리 역사 속으로 들어와 일하시는 시간에 우리에게 다가온 고난의 터널을 지나며 "하나님! 이 시간에 하나님께서 하시려는 일이 무엇입니까?"라는 물음을 가져야 합니다. "하나님, 이렇게 무거운 생의 짐을 통해 드러내시고자 하는 일이 무엇입니까?" 거기에 길이 있습니다. 거기에서 닫혀진 미래가 열리기 시작합니다.

> 우리는 나를 보내신 분의 일을 낮 동안에 해야 한다. 아무도 일할 수 없는 밤이 곧 온다. (요한복음 9:4)

모든 상황에서 우리와 함께하시는 하나님, 고난에 먹힘을 당하지 않게 하시고 고난 가운데서 하나님의 인도하심을 보게 해 주십시오. 아멘.

Day 08

은혜의 위대성과 한 단계 더 높은 삶

　예수 그리스도께서 공생애를 시작하실 때에 사탄이 찾아와 시험했습니다. 사탄은 그리스도께 왕의 아들로서 가질 수 있는 이 세상 최고의 영광의 자리를 제시했습니다. 그러나 그리스도께서는 그러한 제안을 받아들이면 자신이 하나님의 아들로서 아버지 하나님과 함께하는 삶을 포기해야 한다는 것을 잘 아셨습니다. 사탄이 시험하는 그 자리는 하나님의 아들이 가야 할 자리가 아닌, 사탄의 종이 되는 자리라는 사실을 아셨습니다. 그리스도는 사탄의 모든 제안을 말씀으로 단호하게 거절하시고 하나님의 아들이자 종의 자리를 선택하셨습니다. 그 자리는 십자가의 길, 십자가의 삶이었습니다. 그 삶에 부활의 승리가 있다는 것을 아셨기 때문입니다. 그리스도께서는 부활의 새 생명이 놓인 길을 선택하셨습니다.

그리스도께서 그렇게 종의 삶을 사신 것은 곧 하나님의 아들로서 사신 것이었습니다. 그분은 아들로서 종의 삶을 사셨습니다. 그분이 하나님의 아들로서의 삶을 포기하지 않으신 이유는 인간을 극진히 사랑하셨기 때문입니다. 인간을 포기할 수 없으셨기 때문입니다.

은혜란 얼마나 위대한 것인지, 현재 자신의 삶이 모두 하나님의 은혜라는 사실을 받아들이게 하며, 나아가 기존의 자신을 넘어서게 합니다. 은유법으로 다시 표현하자면, 자신의 세계에 갇혀 살지 않고, 그 한계를 넘어선 넓은 세상으로 나와 자신을 필요로 하는 사람들과 함께 살아가는 것입니다. 거기에 주님이 계십니다. 은혜로 되는 일이 두 가지 있습니다. 첫째는 자기 자신을 있는 그대로 받아들이게 해 줍니다. 둘째는 있는 그대로 받아들인 자기 자신을 넘어서게 해 줍니다. 은혜의 복을 많이 받았다고 말할 때 그러한 삶을 살아가는 사람을 일컫는 것입니다.

많은 학식을 쌓고, 커다란 부를 이루는 것만을 은혜라고 할 수 없습니다. 그렇게 이루고 소유한 것을 통해서 자신을 필요로 하는 타인을 위해 자신을 내어 줄 때, 그 삶이 비로소 은혜 받은 삶이요, 사람이라 말할 수 있습니다. 이것이 은혜의 속성입니다.

은혜를 통해 자신을 넘어서는 삶을 산다는 것은, 먼저 진정한 자기 자신을 받아들이는 일이 선행되어야만 가능합니다. 자기 자신으로서 사는 사람만이 자신을 넘어설 수 있습니다. 수도사 성 프란체스코(Saint Francesco)나 의사이며 가톨릭 사제인 이태석 신부와 같은 사람들의 공통점은 은혜로서, 은혜를 통해 예수님과 같은 삶의 방식을 취한 것입니다. 그들은 그들 자신이기를 포기한 것이 아니고, 한 단계 더 높은 삶을 택한 것입니다.

그러므로 그들은 모두 은혜를 받은 사람들입니다. 이 은혜를 알고 받아들인 사람에게는 은혜 받은 사람으로서의 삶의 방식이 있게 됩니다. 그리스도께서 보여 주신 삶의 방식입니다. 그것은 섬김입니다. 우리 자신으로서 살되, 우리 자신을 넘어서는 삶을 취할 때 그 길에서 그리스도를 만나게 됩니다. 그곳에서 만나는 그리스도께서는 치유와 위로를 베푸시는 분으로서만이 아닌 길이요, 진리요, 생명으로서 우리 삶에 새로운 희망의 문을 열어 주시는 부활의 새 삶의 계시자입니다.

기억할 것은, 새로운 삶의 영감과 전망이 열리지 않을

때 우리는 결코 이전까지의 삶의 방식에서 벗어나지 못한다는 것입니다. 우리는 많은 합리적인 이유와 핑계 등으로 자신을 넘어서는 일을 미루거나 하지 않으려 합니다. 그러나 그리스도인이란 부활의 새 생명의 삶을 살아가는 자들입니다. 은혜 입은 자의 길을 갈 때 만나게 되는 분은 바로 부활하신 그리스도입니다. 그분은 우리에게 부활의 새 삶을 실제로 살아갈 수 있도록 삶의 지혜와 능력, 영감과 희망을 공급해 주십니다.

그분으로부터 위대한 은혜를 덧입고 부활의 새 생명의 삶을 살아가는 법을 배울 수 있습니다. 예수님을 바라볼 때에만 우리는 자신을 넘어서게 되고, 서로가 뜻을 같이하게 되고, 서로가 진정으로 사랑하고, 매우 속 깊은 친구가 되어 줄 수 있습니다. 그리고 누구도 자신의 방식만을 고집하지 않고, 자기는 미루어 놓고 다른 사람이 더 잘되도록 도울 수 있으며, 자신만의 이익을 꾀하기에 사로잡히지 않고, 자기 자신을 잊을 정도로 타인에게 필요한 도움의 손길을 내밀 수 있게 됩니다.

사도 바울은 다메섹 도상에서 부활하신 그리스도를 만난 후에 전적으로 이러한 그리스도의 삶의 방식을 취했습니다. 바울은 바울 자신으로서 살되, 그리스도의 삶의 방식대로 살고자 했습니다. 그는 언제나 부활하신 그리스도와 함께 살아갔습니다. 그렇기에 감옥에서도 자유인으로서 기쁨을 지니고 있었으며, 자신에게 이러한 삶을 가능하게 하신 그리스도를 담대히 전할 수 있었습니다. 그런 바울이 그가 택한 삶을 지속할 수 있도록 위로와 희망, 기쁨이 되어 준 존재가 있습니다. 바로 빌립보 교회에 있는 형제와 자매들이었습니다. 그들은 더할 나위 없는 위로이자 자랑거리가 되어 주었습니다. 왜냐하면 그들은 바울과 동일한 삶의 길과 방식을 선택한 사람들이었기 때문입니다. 바울은 같은 모양의 삶을 취한 그들로 인해 외롭지 않았습니다.

믿음의 창시자요 완성자이신 예수를 바라봅시다. 그는 자기 앞에 놓여 있는 기쁨을 내다보고서, 부끄러움을 마음에 두지 않으시고, 십자가를 참으셨습니다. 그리하여 그는 하나님의 보좌 오른쪽에 앉으셨습니다. (히브리서 12:2)

생명과 삶의 모든 선물을 주시는 은혜의 하나님, 우리는 모두 당신의 사랑을 받은 자녀입니다. 우리 모두를 새롭게 하소서. 아멘.

Day 09

하나님으로부터 오는 자원

우리는 우리 스스로 완전하게 되어 다른 사람에게 우리의 완전을 드러내는 가운데서 영광을 취하는 것으로 만족을 얻고자 합니다. 그러나 진정한 겸손은, 완전하게 되어 자신을 드러내고자 하는 데서부터 자유롭게 되어 현재 자신의 있는 모습 그대로 종의 삶에 참여함으로 기뻐하는 것입니다. 겸손은 현재 우리 자신의 있는 모습 그대로를 가지고 종의 삶을 살게 합니다.

종의 삶은 우리 자신이 다른 사람에게 무엇을 보여 주거나 내줄 것이 있어서 가능한 것이 아닙니다. 세상에 드러낼 것이나 줄 것이 아무것도 없지만, 종의 삶을 통해 그리스도의 삶에 동참하는 것입니다. 그리고 그러한 삶을 살게 되면 자신이 그러한 삶을 살고 있다는 것 자체로 기뻐하게 됩니다.

그러한 삶에는 자신의 약점, 모자람, 허물이 다 포함되어 있지만, 그것이 자신에게 크게 문제시되어 집착하거나 그것을 의식하여 상처를 받지 않습니다. 오로지 그러한 삶으로 그리스도와 함께하면서 그리스도를 세상에 드러내고 있다는 것 자체로 기뻐하고 자족하게 됩니다. 그런 이의 기쁨, 자족의 비결은 자신에게 있지 않고 그리스도에게 있습니다.

겸손은 하나님으로부터 자원을 공급받는 자리입니다. 우리는 이 세상에서 그리스도께서 취하신 종의 삶을 취해야 합니다. 종의 삶은 단순히 모방으로 되는 것이 아닙니다. 종의 삶을 살기 위해서 우리는 하나님으로부터 자원을 공급받아야 합니다. 종의 삶은 섬기는 삶, 자신을 내어 주는 삶, 자신을 희생하는 삶인데 그러한 삶은 하나님으로부터 자원을 공급받음으로 가능합니다. 예수님에게는 하나님으로부터 오는 자원이 있었습니다. 그래서 그분에게는 사람으로부터의 인정과 칭찬이 필요하지 않았습니다.

하나님으로부터 오는 자원은 우리의 내적 결핍을 채워 줍니다. 우리의 내적 결핍은 우리 자신을 지나치게 의식하게 만들고, 다른 사람으로부터 대접, 칭찬, 인정을 받아야만 어느 정도 안정감을 갖게 합니다. 하나님으로부터 오는 자원은 이러한 것들을 다 초월해 갈 수 있게 만듭니다. 다른 사람이 나 자신을 인정해 주지 않아도, 다른 사람으로부터 칭찬이 없어도 자족함과 안정감이 있고, 스스로 자신을 인정하고 받아들일 수 있는 자존감을 갖게 합니다.

하나님으로부터 오는 자원을 공급받아 살아가는 훈련을 해 가면 섭섭함, 소외감, 나무람, 자기 스스로 내보일 것이 없어 주눅 드는 일이 사라져 갑니다. 구태여 자신이 인정받기 위해 인위적으로 어떤 호감 가는 행동을 하려는 강박감에서도 자유로워지게 됩니다. 왜냐하면 그는 하나님으로부터 오는 위로, 격려, 사랑, 그리고 희망의 근원이 될 수 있는 약속을 공급받기 때문입니다.

여러분 안에 이 마음을 품으십시오. 그것은 곧 그리스도 예수의 마음이기도 합니다. 그는 하나님의 모습을 지니셨으나, 하나님과 동등함을 당연하게 생각하지 않으시고, (빌립보서 2:5-6)

하나님, 오직 당신께 순종하는 것만이 우리의 참된 자유이며, 당신을 사랑하는 것이 우리의 유일한 선택임을 알게 해 주셔서 감사합니다. 아멘.

Day 10

영원히 이 현실 속으로 들어오시기 위해

예수님은 제자들에게 "너희는 나를 누구라고 하느냐?" 물으셨습니다. 그때 베드로는 "선생님은 살아계신 하나님의 아들 그리스도십니다."라고 고백했습니다. 예수님은 그 고백 위에 교회를 세우겠다고 하셨습니다. 예수님은 우리에게 "너는 나에 관한 신학적 지식을 갖고 있느냐?" 물으시지 않습니다. "너는 나를 누구라 하느냐?"라고 물으십니다.

우리가 그분을 '하나님의 아들'로 고백하는 것은 현실의 문제입니다. 현실의 역사 안에서 우리가 어떤 사람으로 살아가느냐는 문제와 관련된 것입니다. '이 현실에서 나의 주, 나의 생명, 나의 목적, 나의 의미, 나의 가치가 무엇인가?' 이 문제가 바로 예수 그리스도에 대한 고백과 관련됩니다.

'현실에서 나는 구원을 받은 사람으로 살아가고 있는가? 나는 하나님과 화해 가운데 살고 있는가?'의 문제입니다.

기독교 신앙을 가진 사람들이나 기독교에 입문하려는 사람들 가운데 하나님에 대한 고백에는 별로 갈등을 느끼거나 이의를 제기하지 않는데, 예수 그리스도에 대한 신앙 고백에 대해서는 신앙의 갈등과 걸림돌로 느끼는 사람들이 많이 있습니다. 이는 오늘 우리 시대에서만 아니라 초기 기독교 시대에서도 그러했습니다. 사도 바울 자신도 이 대목이 '유대인에게는 걸림돌이요, 헬라 사람들에게는 그들의 지성에 어긋나는 어리석은 것'이라고 시인했습니다. 그러나 신앙의 출발점은 예수 그리스도입니다. 그 이유는 예수 그리스도를 통해 하나님, 성령에 대한 신비의 빛이 드러나게 되고 신앙의 고백이 가능하기 때문입니다.

그런데 기독교 신앙에서 구원은 역사 안에서의 구원입니다. 하나님은 역사의 현실을 멀리 떠나 저 피안의 세계에 숨어 계시는 분이 아닙니다. 그분은 인간이 살고 있는 이 역사의 현실로 직접 찾아오시는 분입니다. '임마누엘'은 하나님께서 우리 가운데 계시는 분이라는 뜻입니다. 하나님은 죄와 불법, 악이 있는 현실에서 그것들과 마주 대면하셔서, 투쟁하시며 승리해 가시는 분입니다. 기독교 신앙에서 구원은 개인이 하나님을 찾아 나서는 것이 아닙니다. 하나님께서 개인의 삶의 역사에 개입하시는 것입니다.

또한 예수 그리스도는 하나님의 아들로서 인간에게 구원을 주시기 위해 역사 안으로 들어오신, 그 자신이 길이요, 진리요, 생명이십니다. 신구약 성경에서 그리스도는 새 일, 새 역사, 새 삶으로 동일시됩니다. 사도 바울은 그의 서신에서 '그리스도 안에'라는 말을 자주 사용했습니다. '그리스도 안에 있으면 새로운 피조물', '그리스도 안의 삶'(딤후 1:1), '그리스도 안에 있는 존재'(롬 8:1) 등, 이러한 표현들은 모두 같은 의미로 사용된 것입니다.

기독교 신앙에서 그리스도인이라는 말은 그리스도 안에서 새 삶, 새 운명, 새 목표, 의미, 가치를 가지고 그리스도의 사역에 참여하는 사람을 의미합니다. 그리스도의 의미 가운데 있는 사람을 뜻합니다. "그리스도가 누구냐?"라는 물음에 대해 우리가 고백하는 사도신경에서 "그리스도는 예수"라고 말합니다. 예수는 그리스도입니다. 구원의 하나님께서 예수라는 이름의 얼굴을 가진 한 인격으로 이 세상에 찾아오신 것입니다. 영원히 이 현실 속으로 들어오신 것입니다.

예수께서 그들에게 물으셨다. "그러면 너희는 나를 누구라고 하느냐?" 시몬 베드로가 대답하였다. "선생님은 살아 계신 하나님의 아들 그리스도십니다."(마태복음 16:15-16)

우리에게 새 운명, 새 의미, 새 목표, 새 가치를 갖고 살게 해 주신 하나님, 감사합니다. 이러한 새 삶을 현실에서 실현해 가도록 우리를 도와주십시오. 아멘.

Day 11

하나님과 유일한 관계에 계신 분

그리스도인은 예수님을 '주'(主)라고 부릅니다. 이 단어는 신약 성경에 무려 600번 정도 나오는 매우 보편적인 호칭입니다. '주'라는 말의 본래 뜻은 '소유주'입니다. 예수 그리스도가 나의 주가 되신다는 고백은 그리스도가 우리의 몸, 마음, 영혼의 소유자일 뿐만 아니라, 이 세상 만물을 만드시고 보존해 가시는 주인이라는 뜻입니다.

그리스도인은 오직 그분만이 역사와 우리 삶의 현재와 미래의 주인이 되심을 고백합니다. 그리스도인에게 주인은 오직 예수 그리스도 한 분이십니다. 그분 외에 다른 이는 없습니다. 그래서 그리스도인은 그분을 향해 '나의 주'라고 고백하게 됩니다.

기독교 역사를 돌이켜 보면 예수 그리스도를 나의 주로 고백한 많은 믿음의 선배들이 고통을 당했습니다. 그들은 예수 그리스도가 아닌 다른 대상을 주로 고백할 것을 강요받고, 채찍에 맞고, 옥에 갇히기도 하고, 사자 굴에 던져지기도 하고, 십자가에 달리기도 했습니다. 그리스도인의 주에 대한 고백은 피안의 세계에서 이루어지지 않고 현실의 역사 안에서 이루어집니다. 그래서 그리스도인들은 역사 안에서 다른 대상을 주로 고백하는 것을 모두 배격합니다.

예수 그리스도가 하나님의 유일한 아들이라는 것은 그리스도의 내적 차원과 관련된 것으로, 예수와 아버지와의 유일한 관계를 표현한 것입니다. 이것은 예수와 아버지의 의지, 행동, 본질의 일치를 말하는 것입니다. 그러한 점에서 그분은 유일한, 누구와도 비교할 수 없는 유일한 아들이십니다. 그분은 하나님 안에 계시고, 아버지는 그 안에 계십니다. 그분은 자신을 가리켜 "나와 아버지는 하나이다."라고 하셨습니다.

그러나 하나님과 본질이 같으신 예수님은 하나님과 같이 되려고 하지 않으시고 스스로 종의 모습으로 오셨습니다. 종의 모습에서 그분이 하나님의 유일한 아들이심이 더욱 분명해졌습니다. 하나님께서 세상을 극진히 사랑하고 계신다는 사실이 그의 유일한 아들에게서 드러나게 된 것입니다. 그분은 종의 삶을 통해서 자신이 오직 이스라엘 민족만을 위해 오신 것이 아니고 전 인류를 위해 오셨음을 분명히 드러내셨습니다.

이 유일한 아들은 섬김을 받는 자리에 홀로 있지 않고, 섬김의 자리에서 자기 자신을 대속물로 내놓으셨습니다. 그분이 자신을 대속물로 내놓음으로 하나님과 인간의 화해를 이루셨습니다. 그 화해로 하나님을 아버지로 모시는 사람들과 형제의 관계를 이루었습니다. 그렇게 하나님은 나사렛 예수의 역사 안에서 우리를 찾고 있는 분으로, 우리를 기다리시는 아버지로, 우리를 섬김의 자리로 불러내시는 분으로 찾아오셨습니다.

> 오히려 자기를 비워서 종의 모습을 취하시고, 사람과 같이 되셨습니다. 그는 사람의 모양으로 나타나셔서, 자기를 낮추시고, 죽기까지 순종하셨으니, 곧 십자가에 죽기까지 하셨습니다. (빌립보서 2:7-8)

진정한 섬김의 본을 보여 주신 주님, 우리도 매일의 일상에서 섬김의 자리에 있도록 도와주세요. 그 섬김의 자리가 예수님을 증언하는 곳이 되게 해 주세요. 아멘.

Day 12

인간의 모든 연약성을 경험하신 대제사장

　세상을 살아가다 보면 누구나 의식주의 문제와 수많은 스트레스를 겪습니다. 그것들은 알게 모르게 우리의 삶을 뿌리째 흔들어 놓기도 하고, 삶을 무거운 짐으로 느끼게 만듭니다. 사람들은 이러한 문제의 해결 방안으로 알코올, 카페인, 지나치게 일에 몰두하거나 포식, 쾌락 등을 찾다가 삶을 상당히 손상시키기도 합니다.

　옛날 원시사회에서는 인간의 문제를 해결해 주는 유일한 해결사로서 주술사가 있었습니다. 그들은 초자연적인 힘을 빌려서 사람들의 고통과 문제를 해결해 주는 일을 담당했습니다. 구약 시대의 이스라엘 백성에게는 제사장이 있었습니다. 그들은 하나님과 인간 간의 중재자로서 인간의 문제를 도와주었습니다. 그중 대제사장은 백성을 대신해 하나님의 임재로 들어가서 백성의 연약함과 도덕적인 실수를 공감하면서 백성을 위한 속죄의 임무를 수행했습니다. 현대사회에서는 상담자, 정신과 의사가 고통받는 사람들에게 정신적, 심리적 차원에서 인간의 문제를 분석하고 그 해결 방안을 제시해 주기도 합니다.

히브리서의 저자는 인간의 문제를 영적 차원에서 해결할 수 있는 길을 제시하고 있습니다. 예수님을 구약의 전통에 근거한 대제사장으로 영적 차원에서 해답을 주시는 구원자라는 사실을 말씀하고 있습니다. 예수님이 우리의 대제사장이 되십니다(히 4:15).

예수님은 인간의 모든 연약성을 경험하셨습니다. 그는 거절의 고통, 쓰라린 굶주림, 온갖 모욕, 임박한 죽음에 대한 두려움 등을 경험하셨습니다. 그는 인간이라는 존재가 얼마나 고통스러운지를 알고 계십니다. 그러므로 그는 우리를 도우실 수 있습니다. 그러므로 우리는 담대하게 은혜의 보좌로 나아가, 자비를 받고 은혜를 입어서, 제때에 주시는 도움을 받을 수 있습니다(히 4:16). 우리를 진정으로 도우실 수 있는 예수님이 계시기 때문에 그분을 신뢰하고 그분에게로 나아갈 수 있습니다.

'제때'는 하나님을 새롭게 대면할 수 있는 기회입니다. 그때 우리 개인의 역사는 곧 거룩한 역사가 됩니다. 하나님은 무엇인가를 거두어 가면 반드시 더 좋은 것을 주십니다. 우리가 살아가면서 겪는 시련은 거룩한 생명에 대한 걸림돌이 아니라 그것을 부여받는 과정입니다. 우리가 경험하는 아픔은 우리 중심의 낡은 삶의 틀들이 깨어지는 순간들입니다. 즉, 우리의 기대, 희망, 자존감이 무너지는 순간입니다. 하나님은 그러한 것들을 흔들어 놓으시고 새로운 의미로 나를 세우시고 그 전과는 다른 소명의 자리에 있게 하십니다.

주님의 도움은 우리가 생각하는 것과는 다릅니다. 주님은 우리가 의존하고 있었던 것들이 얼마나 우리 중심적이었는지를 깨닫게 하십니다. 그리고 그러한 모든 것들을 내려놓게 하시고 그러한 것들과는 다른 것으로 우리를 세우십니다. 주님은 우리가 잃어버렸다고 생각하는 것들을 도로 찾아 주시지 않고 그러한 것들을 놓아버리게 하십니다. 대신에 하나님을 더욱더 신뢰하게 하십니다. 그리고 우리 자아를 중심으로 한 삶의 틀에서 벗어나서 베풀고, 섬기고, 화해하고, 도와주는 새로운 소명의 자리로 우리를 옮겨 놓으십니다.

우리의 대제사장은 우리의 연약함을 동정하지 못하시는 분이 아닙니다. 그는 모든 점에서 우리와 마찬가지로 시험을 받으셨지만, 죄는 없으십니다. (히브리서 4:15)

우리의 연약함을 담당하신 주님, 주님이 그 자리에 계시기에 오늘도 우리는 담대하게 주님께로 나아갈 수 있습니다. 감사합니다. 아멘.

Day 13

우리에게 생명을 주는 시련

　대제사장이신 예수님은 때를 따라 돕는 은혜를 통해 우리가 우리의 삶을 짐스럽게 만들어 가는 굴레에서부터 점점 벗어나게 도우십니다. 우리는 비로소 새로운 삶을 덧입게 됩니다. 거기서 우리는 진정한 은혜가 무엇인가를 알게 됩니다. 거기서 우리는 주님으로부터 오는 돕는 은혜 없이는 세상을 살아가는 것이 불가능하다는 사실을 알아 가게 됩니다. 우리는 살아가면서 단순한 위안이나 위로가 아닌, 하나님의 뜻을 따라 살아갈 수 있도록 때를 따라 돕는 은혜가 필요합니다. 우리가 세상에서 주님의 승리에 동참하기 위해 돕는 은혜가 필요합니다. 그리고 후회와 죄책감으로부터 해방되기 위해 주님의 자비가 필요합니다.

예수님이 영원한 대제사장이 되심으로 우리에게는 하나님과 막혔던 소통의 길이 열렸습니다. 하나님과 소통의 단절은 우리를 외롭게 하고, 스스로 자아의 감옥에 갇혀 있게 합니다. 그런데 예수님은 소통의 길을 열어 놓으셨습니다. 예수님 안에서 하나님과의 소통의 길이 우리에게 열려 있습니다. 그러한 점에서 그리스도인이 세상에서 그리스도 안에 있지 않은 사람들보다 더 유리한 삶의 자리인 은혜의 자리에 있습니다.

이 은혜의 유리한 자리에 있다는 것은 이 세상에 살면서 어떤 답답한 일을 당해도 그것이 생명의 걸림돌이 아니라 생명을 부여받는 과정으로 겪어 나가는 삶의 자리에 있다는 뜻입니다. 우리가 어떤 고통스러운 일을 당하더라도 고통을 이기신 예수님의 승리를 내포하고 있습니다. 그러한 의미에서 그리스도인은 은혜의 자리에 있습니다.

"우리는 허무한 것들 속에서 자신을 소모하다가 죽어 가는데, 시련은 이 허무한 것들로부터 우리를 떼어 놓습니다. 그러므로 시련은 우리에게 생명을 주고, 우리는 시련을 사랑합니다. 죽음을 사랑해서가 아니라 생명을 사랑하기 때문에 시련을 사랑합니다."(토마스 머튼〈Thomas Merton〉)

대제사장이신 예수님은 어떤 고통의 문제도 들어주시고 이해해 주시며 도와주십니다. 그 누구도 영원한 대제사장의 도우심 없이 살 수 없습니다. 단지 그 필요를 느끼며 살아가느냐 그렇지 못하느냐의 차이점이 있을 뿐입니다. 우리의 삶이 힘들고 고통스러울 때가 있지만 우리에게는 때를 따라 도움을 주시는 대제사장이신 주님이 계십니다. 삶이 짐스러워 고통당하는 사람들에게 하나님께서 주시는 해답은 "내가 너희를 위해 영원한 대제사장을 세워놓았노라." 입니다.

이와 같이 그리스도께서도 자기 자신을 스스로 높여서 대제사장이 되는 영광을 차지하신 것이 아니라, 그에게 "너는 내 아들이다. 오늘 내가 너를 낳았다" 하고 말씀하신 분이 그렇게 하신 것입니다. (히브리서 5:5)

시련을 통해 우리가 얽매여 있던 허무한 것들로부터 우리를 자유롭게 해 주시는 주님께 진심으로 감사드립니다. 주님, 시련을 축복으로 받아들일 수 있게 되었습니다. 아멘.

Day 14

십자가에서 대면하는 나

　창조 이래 하나님의 거룩한 활동은 멈추지 않고 계속되고 있습니다. 하나님께서 말씀으로 창조하신 이 세상은 그러한 창조주 하나님의 활동 공간입니다. 성경은 창조주 하나님의 계속되고 있는 활동의 목적이 만물을 새롭게 하시는 구원의 활동이라는 것을 말씀합니다(계 21:5).

　하나님은 세상을 창조하신 이 세상을 어둠의 권세 잡은 자에게 넘기지 않으시고, 창조주 하나님께서 창조하신 이 세상에서 여전히 창조의 활동을 하고 계십니다. 그리고 하나님의 활동 공간인 세상에서 그분의 본질을 가장 극명하게 보여 주신 곳이 갈보리의 십자가입니다. 그러므로 십자가는 모든 피조물이 하나님의 창조의 활동에 참여할 수 있는 '사랑과 희망의 문'입니다. 이 십자가에서 우리는 하나님을 만날 뿐 아니라, 나 자신을 만날 수 있습니다. 그럼으로써 참된 의미의 새로운 삶을 시작할 수 있습니다.

십자가는 새로운 삶으로 들어가는 문, 곧 인류의 희망의 문입니다. 우리는 십자가에서 이 세상 그리고 우리를 극진히 사랑하시는 하나님을 만나게 되며, 그곳에서 우리가 하나님과 함께 그려 가야 할 하나님의 사랑 속에 숨겨져 있는 새로운 삶이 시작됩니다.

우리는 우리 자신이 일그러뜨려서 종국에는 파멸 외에 다른 선택의 여지가 없는 삶, 동시에 한편으로는 그러한 비참함을 도저히 감당할 수 없어 비틀거리는 운명의 짐을 대신 지신 사랑의 하나님을 만나게 됩니다. 십자가 그곳에서 우리는 우리 자신이 저질러 놓은 일의 중대함과 고통이 얼마나 큰지를 보게 됩니다. 인간으로서는 도저히 감당할 수 없는 이 일을 하나님께서 대신 담당하셨습니다. 우리는 십자가에서 그만큼 나를 사랑하시는 하나님을 만나게 됩니다.

우리는 십자가에서 하나님을 사랑하도록 지어진 나 자신과 하나님의 사랑을 입은 나 자신을 만나게 됩니다. 십자가에서 나 자신의 존재가 규정됩니다. 우리의 존재가 '하나님의 사랑받는 자녀'라고 규정됩니다. 도덕적인 변화는 그

다음입니다. 이와 같은 정체성의 변화가 선행됩니다.

우리가 십자가에서 대면하는 나 자신은 하나님께 받아들여지고 용서됨으로 하나님과 화해를 이룬 존재, 계속적으로 치유되어 가야 할 존재, 하나님의 선하신 일을 위해 부름을 받은 존재입니다. 우리는 십자가의 문을 통해 소명을 찾음과 동시에 하나님께 사랑받는 자임을 깨닫게 됩니다.

이렇게 자신이 하나님께 사랑받는 존재라는 것을 아는 사람은 구걸하듯이 행동하지 않습니다. 언제나 솔직하고 자신 있게 자신을 표현합니다. 자랑거리나 잘한 일이 있을 때만 당당한 모습이 아니라, 그렇지 못할 때에도 자신의 곤궁과 필요를 솔직하게 내보입니다. 사랑받고 있음을 스스로 아는 까닭입니다. 사랑받고 있음을 아는 사람은 아무것도 증명하지 않아도 됩니다. 그렇기에 오직 사랑받고 있음을 알 때만 우리는 본연의 모습으로 설 수 있습니다. 십자가의 문을 통과할 때 바로 이 사랑과 희망의 삶이 시작됩니다.

이사야가 예언한 고난의 종이 저 갈보리 언덕 십자가에 달려 있습니다. 누구든지 그 십자가 아래에 가서 무릎을 꿇는 이에게 하나님의 은혜가 있습니다. 십자가 그늘 밑에 진정한 용서와 화해가 있고, 치유와 쉼이 있습니다. 거기에서 새로운 희망의 삶이, 사랑받는 자의 삶이 시작됩니다.

그러나 그가 찔린 것은 우리의 허물 때문이고, 그가 상처를 받은 것은 우리의 악함 때문이다. 그가 징계를 받음으로써 우리가 평화를 누리고, 그가 매를 맞음으로써 우리의 병이 나았다. (이사야 53:5)

사랑의 하나님, 우리가 예수 그리스도를 통해 하나님의 사랑을 입은 자로 살게 되었음을 감사합니다. 이것이 우리에게 매우 소중한 정체성이 됩니다. 아멘.

Day 15

예수님이 말씀하신 자기 부인이란

　예수님을 따르는 사람들 중에는 인간적인 바람으로서의 생의 행복, 평안, 생의 성취를 위해서 그를 따르는 사람들이 있기도 합니다. 그러나 예수님은 자기를 따르는 사람들에게 그러한 이기적 관심과 지상에서의 안전을 부정하십니다.

　예수께서는 자신을 따르는 제자들에게 자기가 메시야라는 것을 아무에게도 말하지 말라고 엄히 경고하셨습니다. 베드로가 자신을 향해 메시야라고 선언하자 그분은 그것이 무엇을 의미하는지를 그들에게 가르치기 시작하셨습니다. 예수께서는 일반 대중들의 메시야에 대한 기대와 같이 지상적 메시야 왕국을 세우기 위해 오신 것이 아니었습니다. 반대로 그분은 오히려 많은 고난을 받고 유대 권력자들에 의해 배척을 당하고 죽임을 당하여 삼 일 후에 부활하실 것이라고 말씀하셨습니다.

베드로는 예수님의 말씀을 분명히 이해는 하였지만, 예수께서 예고하신 수난과 죽음을 자기가 가지고 있는 메시야상과 조화시킬 수 없었습니다. 그래서 베드로는 예수님의 말씀에 항변하였습니다.

예수님은 베드로의 항변을 들으시고 그를 꾸짖으셨습니다. 이것은 베드로에 대한 인신공격이 아니었습니다. 베드로는 하나님의 방법과 목적이 아니라 인간의 가치와 관점에 마음을 두고 있었기 때문에 부지중에 사탄의 대변인이 되어 버렸습니다.

그러고 나서 예수께서는 제자들과 함께 무리를 부르시고 그들에게 말씀하셨습니다. "나를 따라오려고 하는 사람은, 자기를 부인하고, 자기 십자가를 지고, 나를 따라오너라." 여기에는 부정과 긍정이 있습니다. 부정으로는 자신을 결정적으로 부인해야 하는 것입니다. 예수께서 말씀하신 자기 부인은 자신의 인격을 부인하거나 순교자로서 죽거나 회의주의자들처럼 모든 것을 부인하라는 것이 아닙니다.

예수께서 말씀하신 깊은 뜻은 자기중심성의 우상과 이기주의적 동기에서 자신의 삶을 규정짓고 방향 지으려는 모든 시도에서 벗어나는 것, 즉 자아 부정을 의미합니다. 그런데 자아 부정이라는 말은 심리학적인 관점에서 모순이 있는 것처럼 이해됩니다. 심리학에서 상한 인격의 치유는 상실한 '자아'를 발견하는 것이기 때문입니다.

상처 입은 대부분의 사람이 '자아 상실'로 인한 정서적 혼란으로 고통받습니다. 진정한 치유는 상실한 참 자아를 발견한 후 그 자아가 억압되거나 체면과 허세에 의해 위장되지 않고 자기 자신으로서 엄연한 주체자로 살아가는 것입니다. 진정한 자아 부정이란 상실된 참 자아, 즉 하나님께서 지으신 본래 내 모습을 찾는 과정입니다. 이것이 자기 부인의 긍정적 측면입니다.

예수께서 말씀하신 자기 부인은 자신의 생의 계획, 자신의 생의 성취를 위한 분명한 신념과 생각이 있음에도 불구하고, 하나님께서 명령하실 때 자신의 것을 포기하고 하나님의 명령에 순종하는 것입니다. 다시 말해 자신의 신념, 인생관을 절대시하지 않는 것입니다.

사람은 누구나 인생의 도상에서 자의든 타의든 그리스도와 한번은 대면하게 됩니다. 예수님 시대에서나, 오늘 우리 시대에서 예수님을 따르고자 하는 사람들에게 언제나 문제가 되는 것은 예수께서 요구하시는 것과 그를 따르는 자기 자신의 서로 상반되는 이해와 기대입니다. 그렇게 되는 이유는 그를 따르는 많은 사람에게 메시야적 사명과 성격, 그 의미가 숨겨져 있을 뿐만 아니라 사람들이 진정한 자기 부인 없이 그를 따르고자 하기 때문입니다.

그리고 예수께서 제자들과 함께 무리를 불러 놓고 그들에게 말씀하셨다. "나를 따라오려고 하는 사람은, 자기를 부인하고, 자기 십자가를 지고, 나를 따라오너라."(마가복음 8:34)

사랑의 하나님, 저는 예수님을 통해 진정한 나 자신으로 사는 길이 어떤 것임을 알게 되었습니다. 매일 위장된 옷을 벗고 진정한 나 자신으로 살아가도록 도와주세요. 아멘.

Day 16

그 사이에 있는 그리스도를 따르는 삶

예수님은 자기를 따르려면 "자기 십자가를 져야 한다."고 하셨습니다. 십자가를 진다는 것은 결코 유대인들이 받아들일 수 있는 상징이 아니었습니다. 그것은 로마 시대 형틀로, 그 상징을 통해 연상되는 장면은 강압에 의해 십자가를 지고 도시를 지나 자기 처형 장소까지 감으로써 자신이 로마에 복종한다는 것을 보여 주는 일종의 구경거리가 되어 버린 죄인의 모습입니다.

그러므로 '자신의 십자가를 지는 것'이란, 자신이 전에는 반항했던 권위에 굴복하고 복종한다는 사실을 공식적으로 입증합니다. 예수께서 하나님의 뜻에 복종하신 것은 하나님의 요구에 마땅히 응답하신 것입니다. 하나님의 뜻을 깨닫고 하나님의 뜻을 받아들이신 것입니다. 예수님은 그렇게 하는 것이 영원히 사는 길임을 그분의 삶을 통해 보여 주셨습니다.

그리스도의 수난에 숨겨져 있고 부활의 영광에서 밝히 드러난 그리스도의 메시야적 사명과 성격은 그리스도를 따르는 사람들에게 올바르게 이해되지 않고는 합니다. 한편 그리스도의 수난과 부활이 너무 교리화되어 있어서 그리스도인들에게 그리스도인으로서의 삶의 문제가 상당히 왜곡되어 나타나기도 합니다. 교회에서 강조하는 것은 예수 그리스도의 십자가를 믿으면 구원받고 평안을 누리다가 나중에 죽으면 부활한다는 것입니다. 물론 이것이 잘못된 것은 아닙니다. 하지만 그것보다 중요한 것은 그 사이에 있는 그리스도를 따르는 삶입니다.

그런데 우리는 예수 그리스도를 믿는 삶이 이 현실의 생의 여정에서 구체적으로 실현되어 가야 할 사항임을 자주 망각합니다. 그리스도를 따른다는 것은 인생의 여정에서 이루어져야 하는 과제입니다. 그 여정에서 끊임없이 자기 부인을 해 나가면서 그분을 따라야 합니다. 그리스도인으로 살아간다는 것은 인생의 여정을 걸을 때 전연 다른 방식으로 생을 살아간다는 것을 의미합니다.

그러므로 우리가 끊임없이 상기해야 할 것은, 그리스도인은 이미 도달한 자가 아니라 사는 동안 항상 '그리스도의 추종자'요 '그 도를 따르는 자'로서 그 길을 걷고 있는 사람이란 사실입니다. 다음은 미국 연방정부의 고위 관료였던 아서 번스(Arthur Burns)의 기도문으로, 그리스도인에게 중요한 일침을 가해 줍니다.

"주님, 유대인들이 예수 그리스도를 알게 해 주시길 기도합니다. 회교도들이 예수 그리스도를 알게 해 주시길 기도합니다. 끝으로 주님, 그리스도인들이 예수 그리스도를 알게 해 주시길 기도합니다. 아멘."

사람으로 태어나서 한번 해 볼 만한 일이 있다면 그것은 그리스도를 따르는 것이며, 그리스도인이 되어 가는 일입니다. 그 길이 바로 자기 십자가를 지는 길입니다. 이것은 이 사회와 현실 속에서 전능하신 하나님을 신뢰하는 믿음의 행위이며, 영원한 생명을 추구해 가는 길입니다.

누구든지 제 목숨을 구하고자 하는 사람은 잃을 것이요, 누구든지 나와 복음을 위하여 제 목숨을 잃는 사람은 구할 것

이다. (마가복음 8:35)

사랑의 주님, 진정 생명을 얻고 더 풍성히 얻는 삶의 길이 어떤 것임을 알게 해 주셔서 감사합니다. 매일의 일상이 이 길을 배우는 학교가 되게 해 주세요. 아멘.

Day 17

어떤 절망적인 상황 속에서도 열리는 문

우리가 사망의 음침한 골짜기를 넘어서야 할 때, 그 누구도 우리와 함께하지 못하지만 선한 목자이신 예수님은 우리의 손을 잡고 그 다리를 함께 건너가십니다. 그리고 그분은 우리에게 세상의 가치를 뛰어넘는 정체성과 자존감을 부여해 주셔서, 이 세상에서 주눅 들지 않고 당당한 인격으로 살 수 있도록 우리를 세워 주십니다. 우리 그리스도인들은 이 세상에서 예수님과 함께 온 하나님 나라의 현실에 살고 있습니다.

초대교회에서 은혜와 능력이 충만하였던 순교자 스데반은 기독교 역사에서 그리스도 안에서 하늘이 열린 것을 본 대표적인 사람입니다. 사망의 골짜기를 넘어서 영원한 곳으로 들어가는 문이 바로 예수님입니다. 예수님 안에서는 죽음이 폐기됩니다. 영원한 시간이 열립니다. 그때 현재라는 시간은 영원의 시간과 잇대어 있게 됩니다.

예수님은 영원한 세계로 들어가는 문이 되어 주십니다. 우리는 예수님을 통해 영원한 안식의 세계로 들어가게 됩니다. 그곳에서는 모든 눈물이 닦이며, 다시 죽음이 없고, 슬픔도 울부짖음도 고통도 없습니다. 그곳에는 영원한 안식이 있습니다. 저는 지금까지 목회를 하며 예수님 안에서 그곳으로 들어가는 많은 형제자매를 보고 있습니다.

그러나 그 문이 닫혀진 가운데서 먹고 마시며 현실이 영원한 것처럼 살아가는 사람들이 많이 있습니다. 이 현실에서 생의 문이 열리지 않아 절망 가운데서 살아가는 사람들이 많이 있습니다. 그런데 예수님 안에서는 어떤 절망적인 상황에서도 사랑과 희망의 문이 열립니다. 예수님 안에서 우리의 현재는 하나님께서 극진히 사랑하시는 정원으로 열립니다.

모새골 채플은 제가 하나님의 현존 가운데 머무는 곳입니다. 저는 매일 새벽, 같은 자리에 앉곤 하지만 어제와는 다른 저로서 그 자리에 머물게 됩니다. 저는 채플에 들어가고 나오면서 생명의 양식을 공급받게 되고, 주어진 하루를 의미 있게 살아가게 됩니다. 그러한 매일은 현실에서 열리는 또 하나의 다른 차원인 하나님 나라의 실재입니다. 그러한 하루하루는 전적으로 예수님을 통해 열려진 은혜의 자리입니다.

예수님은 저뿐 아니라 우리 모두가 주어진 현실에서 다른 차원의 세상으로 들어가는 문을 열어 주신 분입니다. 예수님은 우리가 실재하는 다른 차원의 나라로 들어가도록 문을 열어 주셨을 뿐만 아니라, 그분을 통해 들어서게 된 새로운 현실의 삶에서 목자가 양을 인도하는 것처럼 우리가 실패하지 않고 살아가도록 인도해 가십니다.

예수께서는 자신을 문으로 비유하셨습니다. 예수님이 문이시라는 것은 생의 궁극적인 문제인 구원, 생명의 양식, 새로운 삶의 전망을 열어 주시는 분이기 때문입니다. 즉, 그분은 그분과 함께 이 현실 세계에 오게 된 하나님의 나라로 들어가는 문이며, 우리가 하나님 나라의 백성으로 살아가는 데 필요한 생명의 양식을 얻을 수 있는 곳으로 들어가는 문이라는 뜻입니다.

그런데 스데반이 성령이 충만하여 하늘을 쳐다보니, 하나님의 영광이 보이고, 예수께서 하나님의 오른쪽에 서 계신 것이 보였다. 그래서 그는 "보십시오, 하늘이 열려 있고, 하나님의 오른쪽에 인자가 서 계신 것이 보입니다" 하고 말하였다. (사도행전 7:55-56)

우리 생의 영원한 지평을 열어 주신 주님, 진심으로 감사합니다. 우리 앞에 놓인 것은 죽음이 아니라 영원한 생명입니다. 아멘.

Day 18

나를 사랑하시는 그리스도가 나의 내면에

저의 새벽 묵상 시간은 저 자신의 내면의 세계로 들어가 보는 시간이기도 합니다. 그 시간에서부터 하나님과 함께하는 하루의 일상이 시작됩니다. 예수님은 우리를 나의 깊은 내면의 세계로 들어가 나 자신과 대면하게 해 준다는 의미에서도 문이 되십니다. 그분은 우리 내면의 깊은 곳으로 들어가게 하셔서 나 자신과 대면하게 하십니다. 우리는 그리스도 안에서 그러한 나를 나의 집으로 받아들이게 됩니다. 그리스도는 그러한 나를 사랑하시고, 반겨 주시며, 그러한 나를 품에 품어 주십니다. 그리스도를 통해 밖으로 추방된 내가 나의 집으로 들어오게 되는 것입니다. 거기서 진정한 휴식과 치유가 시작됩니다.

바울은 자신의 무능과 약함을 인정하고 받아들였습니다. "내가 약할 그 때에, 오히려 내가 강하기 때문입니다." (고후 12:10) 예수님은 세리와 죄인들이 다른 사람들보다 더 하나님의 사랑에 마음을 열고 있음을 인지하셨기에 의도적으로 그들을 더 가까이하셨습니다. 이들과는 달리 정의로운 사람들은 정의롭게 살아가려고 애쓰는 동안 자신의 주변만 맴돌고 자신에게서 벗어나지 못하는 경우가 자주 있습니다.

우리는 이러한 예수님으로부터 '아래로부터의 영성'(안셀름 그륀〈Anselm Gruen〉)이라는 것을 만나게 됩니다. 아래로부터의 영성은 사람들이 하나님께 마음을 열도록 합니다. 상처받고, 부서진 마음은 하나님께로 열리게 됩니다. 자기 자신의 죄가 너무도 커서 스스로의 노력으로는 원래대로 회복을 하는 것이 불가능하다는 사실을 알기에, 하나님의 자비에 의존하면서 뉘우치는 마음으로 자신의 가슴을 치는 세리가 하나님으로부터 의롭게 되는 것입니다.

또한 밭에 숨겨진 보물에 대한 예수님의 비유에서 우리는 보물, 즉 하나님이 만드신 우리의 본 모습을 땅 속이나 지저분함 속에서 찾을 수 있음을 알 수 있습니다. 만약 우리가 우리 안에 숨은 보물을 찾기를 원한다면, 먼저 우리의 손이 지저분해지는 것을 감수하면서 땅을 파야만 합니다.

융은 우리 자신은 하나님께서 탄생하고자 하시는 하나의 마구간임을 강조했습니다. 우리의 내면은 마구간과 같이 매우 지저분합니다. 우리 스스로는 하나님께 보여드릴 어떤 것도 가지고 있지 않습니다. 바로 우리가 가난하고 약한 존재이기 때문에 하나님이 우리 안에 우리와 함께 살고자 하십니다.

예수님이 세례를 받으실 때 사람들의 죄로 가득 찬 요단강물에 서 있는 예수님에게 하늘이 열리고 하나님께서 말씀하셨습니다. "이는 내가 사랑하는 아들이다. 내가 그를 좋아한다."(마 3:17) 우리가 예수님과 같이 요단강물 속에 들어가 우리 자신의 죄 위에 설 때, 하늘이 우리 위에 열리고 하나님께서 우리 존재 자체를 절대적으로 인정하시는 말씀을 내면 가득 울리게 하십니다.

> ……하늘에서 소리가 나기를 "이는 내가 사랑하는 아들이다. 내가 그를 좋아한다" 하였다. (마태복음 3:16-17)

주님, 우리 스스로는 주님께 보여 드릴 만한 것이 없습니다. 그러나 그런 우리를 절대적으로 인정하시는 사랑의 음성을 들을 줄 아는 귀를 새롭게 하소서. 아멘.

Day 19

예수님과의 일치에서 하나님과의 일치를

사람들은 누구나 하나님을 보기 원합니다. 하나님을 만나면 자신의 삶이 많이 달라지리라 생각합니다. 하나님을 만나는 것은 모든 사람의 소원이지만, 그렇게 쉽게 해결되지 않는 문제입니다. 그리스도인들에게도 그러한 염원은 다 있습니다.

하나님은 예수님을 통해 자신을 드러내십니다. 예수님을 통해 자신이 누구인지, 무엇을 원하는지를 알리십니다. 예수님은 우리가 신뢰해야 할 하나님이 우리를 찾고 계시는 분, 우리를 기다리시는 분, 우리를 정죄하지 않고 용서하시며 우리에게 새 삶을 선물로 주시는 분임을 나타내셨습니다. 예수님을 통해 하나님과 관계를 맺은 사람은 역시 예수님을 통해 하나님의 거룩하심과 그의 존엄하심, 그의 사랑, 그의 영광을 보게 됩니다. 예수님은 우리가 하나님을 깊이 신뢰해 가도록 하나님을 우리에게 보여 주십니다. 우리는 예수님에게서 생명의 하나님, 사랑의 하나님을 발견하고 만나게 됩니다.

하나님과의 관계는 하나님을 알지 못하는 사람들이 볼 때 겨자씨와 누룩처럼 매우 하찮은 것 같을 수 있지만, 삶을 근본적으로 성장시키고 변형시키는 위력이 하나님 나라에 있습니다. 우리는 하나님과의 관계가 소멸되거나 정체 상태에 있지 않고 성장과 변형의 능력을 발휘하기 위해서 하나님을 신뢰하는 길을 배워 가야 합니다. 잘못된 신뢰가 아닌 올바른 신뢰에서 하나님 나라의 능력이 나타나게 됩니다.

하나님에 대한 올바른 신뢰의 길은 우리 자신에게 집착하는 것이 아니고 하나님께 모든 초점을 맞추는 것입니다. 그런데 우리가 하나님께 집중하려고 할 때 부딪히는 문제가 있습니다. 하나님에 대해 너무 무지하다는 것입니다. 우리가 그리스도인으로서 어떻게 살아야 한다는 책임감이나 지켜야 할 규례는 알고 있지만, 하나님에 대해 아는 것은 거의 없습니다. 그래서 우리의 신앙은 우리 자신을 중심으로 늘 맴돌게 됩니다. 하나님 신뢰는 예수 그리스도와 관계 맺음에서 시작됩니다.

하나님 신뢰에는 언제나 감사가 있고, 그리고 그분이 원하시는 것을 결행하는 모험이 있게 됩니다. 하나님을 신뢰하는 사람에게 감사는 다른 사람과의 비교에서 자신이 더 잘되기 때문이 아닙니다. 그에게 감사는 고난, 실패, 죄, 역경 가운데서의 감사입니다. 오로지 그 가운데서도 그를 버리지 않으시고, 그를 사랑하시고 용서하시며 그와 함께하시는 사랑의 하나님의 영광을 보고 신뢰하기 때문입니다.

어느 날 저는 묵상 중에 우리 가운데 언제나 현존해 계시며 내면의 세계를 깊이 꿰뚫어 보시면서 우리에게 오시는 하나님을 만날 수 있었습니다. 예수께서 사마리아 동네 우물가에서 사마리아 여인을 만나 대화하시는 장면에서, 우리에게 다가오셔서 우리 내면에 깊이 숨겨져 있는 비밀을 꿰뚫어 보시며 문제에 해답을 주시는 하나님을 만나게 되었습니다. 우리의 일상적인 삶의 자리에 함께 계시는 하나님을 묵상하면서 저의 내면을 모두 그분에게 드러내 보이며 하나님에 대한 신뢰를 새롭게 하게 되었습니다.

예수님은 단순히 기독교의 창시자이거나 인생의 고난에서 자유로워지는 길을 깨우친 각자(覺者), 또는 스승이 아닙니다. 예수님은 하나님께로 가는 길이며, 하나님을 우리에게 보여 주는 분이며, 우리에게 생명을 더욱더 풍성하게 하는 생명의 근원이십니다. 예수님과 함께함이 하나님과 함께함이며, 예수님을 사랑하는 것이 하나님을 사랑하는 것이요, 예수님을 찬양하는 것이 하나님을 찬양하는 것입니다. 우리는 예수님 안에서 하나님께 기도하며, 하나님을 찬양하며, 우리의 모든 소원을 하나님께 아뢰게 됩니다.

내가 아버지 안에 있고 아버지께서 내 안에 계시다는 것을, 네가 믿지 않느냐? 내가 너희에게 하는 말은 내 마음대로 하는 것이 아니다. 아버지께서 내 안에 계시면서 자기의 일을 하신다. 내가 아버지 안에 있고, 아버지께서 내 안에 계시다는 것을 믿어라. 믿지 못하겠거든 내가 하는 그 일들을 보아서라도 믿어라. 내가 진정으로 진정으로 너희에게 말한다. 나를 믿는 사람은 내가 하는 일을 그도 할 것이요, 그보다 더 큰 일도 할 것이다. 그것은 내가 아버지께로 가기 때문이다. (요한복음 14:10-12)

주님, 우리가 당신의 진리를 통해 당신을 더 잘 알게 하시고, 우리 자신에 대해서도 더 잘 알게 해 주십시오. 아멘.

Day 20

예수님의 일관된 영적 여정

예수님은 공생애 기간 중 자신의 고난과 죽음을 내다보시며 세 번 예고하셨던 대로 여리고를 거쳐 예루살렘으로 올라가셨습니다. 그곳에서 예수님은 약 일주일간 머물며 활동하셨고, 마지막 날 십자가를 지시고 예루살렘을 떠나셨습니다. 마태복음의 저자 마태는 예수님이 예루살렘으로 올라가실 때, 사건의 시작을 감람산 동쪽 기슭에 있는 마을 벳바게에서부터 기술하고 있습니다. 벳바게는 베다니와 예루살렘 사이에, 베다니에서 가까운 거리에 있었습니다. 예수님은 그곳에서 어린 나귀를 얻어 타시고 예루살렘으로 들어가셨습니다. 예수님이 예루살렘으로 들어가신 것은 예수님의 사역의 정점이 됩니다. 그 이유는 예수님의 공생애가 시작되면서 암시, 예고, 기대되었던 일들이 이 사건으로 이루어지기 시작하였기 때문입니다.

예루살렘으로 향하시는 예수님의 깊은 의도를 군중은 잘 이해하지 못하였습니다. 제자들조차도 예수님을 정치적 메시야로 생각했습니다. 그들에게는 그 길의 깊은 뜻이 숨겨져 있었습니다. 그 비밀이 그 시대 사람들에게만 숨겨져 있었던 것은 아닙니다. 예수님이 오실 때까지 많은 사람에게 그 길의 깊은 뜻이 숨겨져 있을 것입니다.

광야에서 사탄의 시험을 물리치심으로 시작된 예수님의 영적 여정은 오로지 하나님의 뜻에 순종하는 것이었습니다. 예수님의 영적 여정은 그것으로 일관되어 있었습니다. 예루살렘으로 올라가신 것도 하나님을 향한 순종이었습니다. 그 순종의 길은 십자가를 지시는 일이었습니다. 예수님 자신을 속죄 제물로 내어놓은 것이었습니다. 하나님 없이 사는 인간들의 죄를 위해 자신을 속죄 제물로 하나님께 드리기 위함이었습니다. 그렇게 함으로 하나님의 거룩한 뜻이 하늘에서와 같이 이 땅에서도 이루어질 수 있게 되었습니다. 예수님이 제자들에게 가르쳐 주신 기도의 내용을 예수님 자신이 그대로 실천하셨습니다. 세상을 극진히 사랑하시는 하나님의 뜻은 인간과의 화해였습니다. 다시 말해 교제였습니다. 예수님은 그 길을 열어 놓으셨습니다. 예수님이 예루살렘으로 올라가심으로 하나님께로 나아가는 길이 열렸습니다. 닫혔던 길이 열렸습니다.

예수님의 예루살렘 여정에 담겨진 숨은 비밀은 사람들이 생각한 것과는 전연 다른 데 있었습니다. 그 길은 세상의 관점으로 볼 때는 실패의 길이었습니다. 결국, 십자가 형틀에 달려 죽는 비참함 그 자체였습니다. 그런데 거기에 모든 사람이 새로운 현실을 살아갈 길이 숨겨져 있었습니다. 광야에서 사탄이 제시한 길은 세상적으로 매력적인 길이었습니다. 그러나 그 길은 실패의 길, 거짓된 삶으로 일관하는 허망한 길이었습니다. 인생의 무대에서 다른 사람들에게 보이기 위해 연기를 하다가 마치는 길이었습니다.

예수님은 그 길을 거절하시고 하나님께 순종하는 길을 선택하셨습니다. 그 길이 예수님 자신으로 사시는 길이었습니다. 그뿐만 아니라 누구나 거짓된 삶이 아닌 참된 자기 자신으로 사는 길을 열어 놓으셨습니다. 많은 사람이 자신이 살아가야 할 길을 찾지 못해 평생 방황하며 살다가 두려움과 공포 가운데서 생을 마치게 됩니다. 진정 자신이 누구인지를 알지 못하고 살다가 허무하게 생을 끝냅니다. 사람들이 그렇게 목말라 하며 찾고 있는 자신이 예수 그리스도 안에 있습니다. 예수님은 우리가 아무리 변한다고 해도 우리를 다함이 없이 사랑하시며 우리와 함께하십니다.

예수님은 우리가 진정 자신으로 살아가는 길을 열어 놓으셨습니다. 그 길은 땅에 떨어진 씨앗이 죽어야 새 생명의 싹이 돋아나는 것과 같이 옛 자아의 죽음이 함께하는 길이었습니다.

예수께서 그에게 말씀하셨다. "나는 길이요, 진리요, 생명이다. 나를 거치지 않고서는, 아무도 아버지께로 갈 사람이 없다."(요한복음 14:6)

길이요, 진리요, 생명이신 주님, 당신께서 시작하신 이 새로움의 길을 오늘도 우리들을 통해 이루시옵소서. 아멘.

Day 21

예수 그리스도를 잃어버리지 않도록

예수님은 존경받는 인물로 살다가 세상을 떠난 역사 속의 한 인물이 아닙니다. 예수님은 십자가에 죽으시고 부활하셔서 하나님의 오른쪽에 앉아 계시며 인간을 포함한 모든 피조물과 함께하십니다. 그분은 세상의 권력자들과는 다른 통치자로서 세상을 다스리시며 그분의 나라를 완성해 가십니다. 예수님은 우리와 함께하시면서 우리를 하나님 나라의 백성으로 살아가도록 인도해 가십니다.

그리스도인들은 이 세상에 살지만 보이지 않는 주님의 통치를 받으며 살아가게 됩니다. 그분의 통치는 강압적인 것이 아닙니다. 그분은 누구나 자원해서 그분의 통치를 받아들이기를 기다리십니다. 누구든지 마음을 열고 그분의 통치를 받아들이면 그분이 들어오셔서 우리를 인도해 가십니다. 그분은 먼저 우리에게 새 마음과 새 뜻을 갖게 하시면서 자기를 따르게 하십니다. 우리가 예수님을 신뢰해 가면서 그분에게 우리 자신을 전적으로 맡기고 순종해 갈 때 그분의 통치는 우리의 삶에 자리잡기 시작합니다. 예수님의 통치는 회개, 깨달음, 실행을 통해서 더욱더 현실적인 삶으로 나타나게 됩니다.

이 우주에 예수 그리스도의 십자가와 죽으심, 그리고 부활이 없었다면 우리의 삶은 매우 암담했을 것입니다. 저는 실로 그러할 것이라는 사실을 제 삶에서 확인해 가고 있습니다. 그리스도 밖에 있을 때와 그리스도 안에 있을 때의 제 삶이, 나이가 더해 갈수록 더욱더 현저하게 차이가 나기 때문입니다. 그리스도 안에서 이루어진 제 삶의 희망, 평강, 치유, 보상, 그리고 죽음을 넘어선 저 영원한 삶에 대한 친근감 모두 그리스도를 통해서 이루어진 것입니다.

우리의 새로운 실존은 그리스도 안에 있습니다. 우리는 그리스도와 함께 십자가에서 죽고 그의 살아나심과 함께 하나님을 중심으로 한 새로운 삶으로 태어난 사람들입니다. 우리의 새로운 삶은 이상이 아닌 현실입니다. 우리는 예수님을 통해서 하나님 안에 숨겨진 새로운 삶을 찾아내게 됩니다. 그러한 새로운 삶은 관념이 아니고 경험적인 것입니다. 우리는 그리스도 안에서 새로운 현실을 살게 됩니다. 예수 그리스도 자신이 우리에게는 새로운 현실입니다.

기독교 신앙에서 교리는 매우 중요합니다. 그것이 없으면 신앙이 체계화되지 않을 뿐만 아니라 신앙으로 입문할 수도 없습니다. 그런데 예수님을 믿는다는 것은 단지 교리의 체계에 따라 그를 구주로 받아들이고 세례를 받으면 구원을 받고, 죽으면 하늘나라에 들어갈 수 있다는 하나의 전제, 그것이 다는 아닙니다. 그 이상의 것입니다. 예수를 믿는다는 것은 새로운 실존으로 살아가는 것입니다.

그리스도 안에서 새로운 실존이 되었다는 것은 삶의 중심이 나로부터 하나님 중심으로 바뀌었다는 사실을 뜻합니다. 그리고 새로운 실존의 원형인 그리스도와 함께 살아가는 것을 뜻합니다. 새로운 실존의 삶에서 하나님과의 교제가 있고, 그분과의 대화가 있고, 그분을 향한 순종이 있습니다.

신앙생활의 목적은 오직 예수 그리스도입니다. 고난, 답답함, 우울, 슬픔, 두려움, 질병이 찾아올 때 평강, 기쁨은 없어집니다. 그러나 예수 그리스도는 없어지지 않습니다. 어떤 상황에서나 우리의 영적 여정의 동반자, 즉 친구가 되어 주십니다. 그리스도를 잃어버리면 나를 잃어버리게 됩니다. 그리스도인들은 평강이나 기쁨을 잃어버리지 않으려고 매우 고심합니다. 그것은 잘못된 것입니다. 우리는 예수 그리스도를 잃어버리지 않아야 합니다. 우리는 마음의 안정을 갖고 내가 원하는 현실을 즐기기 위해 예수를 이용하려 해서는 안 됩니다. 우리는 예수 그리스도와 함께 하나님께서 우리에게 요구하시는 삶을 살아가야 합니다.

예수님은 언제나 우리가 되어 가야 할 새로운 나로 우리에게 다가오십니다. 우리가 서로 미워하고, 분열하고, 좌절하고, 헛된 명예심에 사로잡혀 살아갈 때 예수님은 매우 슬퍼하시며, 우리에게 다가오셔서 말씀하십니다. "애야! 지금 너의 모습은 진정한 네가 아니란다." 그리고 이렇게 말씀하십니다. "애야! 그 거짓된 삶을 지나가게 하고 나와 함께 믿음의 삶, 소망의 삶, 사랑의 삶을 살아가자."

새로운 실존으로 살아가는 그 길이 예수님 안에 있습니다.

누구든지 그리스도 안에 있으면, 그는 새로운 피조물입니다. 옛 것은 지나갔습니다. 보십시오, 새 것이 되었습니다. (고린도후서 5:17)

만물을 새롭게 하시는 주님, 우리에게 주신 새로운 삶은 우리의 희망이며, 기쁨이며, 의미입니다. 아직도 이러한 새로운 삶을 시작하지 못하고 있는 이웃들에도 새로운 삶이 시작되는 기적을 베풀어 주십시오. 아멘.

Day 22

진실해질 수 있는 질문

예수님 당시 팔레스타인 지방 특히 유대 지방에서 예수님의 말씀은 바리새인, 율법사들과 같이 율법에 충실하고자 하는 사람들에게는 적대감과 반항을 일으켰고, 반면 그 시대 소외 계층들에게는 위로와 희망을 주었습니다.

명절에 예루살렘에 올라가신 예수님은 삶의 의미와 목적에 목마른 군중이 그들의 목마름을 참으로 해결하는 길에 대해 말씀하셨습니다. 예수님에 대해 극도의 거부감정을 가지고 있던 바리새인, 율법사들과 같은 지도층들은 예수님의 말씀을 전적으로 받아들이는 무리들이 점점 많아지는 것을 보고 두려움과 질투, 소외감을 느끼게 되었습니다. 그들은 자신들이 그렇게 소중히 여기고 절대시하는 종교적

기반 자체가 무너져 내리는 것을 좌시할 수 없었습니다.

그들은 거듭 음모를 꾸몄고, 유대 지도자들은 예수님이 스스로 걸려 넘어지도록 율법 해석 문제를 내어 그에게 망신을 주려고 했습니다. 그래서 밤중에 '간음하다 붙잡혔다'고 하는 여자를 잡아다가 예수님과 사람들 앞에 내보이려고 가둬 두었습니다. 다음 날 아침, 그들은 자신들이 전날 밤에 붙잡은 여자를 데려와, 그가 간음하다가 현장에서 잡혔다고 말했습니다. 이는 몇 가지 모순이 분명한 음모였습니다.

바리새인들은, 간음 혐의로 잡힌 여자를 예수님 앞에 데려다 보여 주면서 "우리가 이런 여자를 붙잡았다면 당신은 어찌하겠소?"라고 묻지 않고, "선생님, 이 여자가 간음을 하다가 현장에서 잡혔습니다. 모세는 율법에, 이런 여자들을 돌로 쳐죽이라고 우리에게 명령하였습니다. 그런데 선생님은 뭐라고 하시겠습니까?"라고 물었습니다(요 8:4-5). 그들은 모세를 인용한 뒤, 공개적으로 예수님에게 율법 수여자를 따를지 말지를 묻습니다. 바리새인들은 예수님이 선택할 수 있는 길이 세 가지라고 생각했습니다.

어떤 답변을 하든지 모두 바리새인들이 의도하는 음모의 함정을 피해 갈 수 없습니다. 행동을 유보하자고 하면, 예수는 용기가 없는 비겁한 사람으로 낙인이 찍힐 것입니다. 예수님이 모세의 율법을 준수하고자 하면 군중을 선동해 사람을 죽인 죄로 붙잡힐 것이며, 모세의 율법을 무시하고자 하면 사람들은 더 이상 그를 믿지 않을 것입니다.

그러나 이 순간 예수님은 놀라운 기지로 답변하십니다. 예수님은 엄격한 법 적용 대신에 자신 앞에 끌려온 여자에게 긍휼을 베푸심으로 정의의 본질을 새롭게 하셨습니다.

예수님은 조용히 침착하게 몸을 일으켜서 군중들을 향해 이렇게 말씀하십니다. "너희 가운데서 죄가 없는 사람이 먼저 이 여자에게 돌을 던져라."(요 8:7) 예수님은 군중을 선동하지 않았습니다. 예수님은 군중 한 사람 한 사람에게 사건 앞에서 진실해질 수 있는 질문을 던지셨습니다. 모든 장면이 순식간에 극적으로 바뀌고 잠시 무거운 침묵이 흐릅니다.

거기에 모인 군중은 가장 나이가 많은 사람들에게 시선을 돌립니다. 그들이 어떻게 행동하는지 보기 위해서입니다. 나이가 많은 사람들이 고개를 숙이고 그 자리를 떠났습니다. 그 뒤를 따라 가장 어린 사람까지 부끄러움을 느끼며 그 자리를 떠났습니다.

우리는 우리 자신을 속이며 살아갈 수 있습니다. 변명, 책임 회피, 거짓된 자기 합리화, 선동 등으로 말입니다. 오늘날도 이러한 사람들의 모습을 우리는 흔히 볼 수 있습니다. 그렇게 될 때 우리의 경건, 정의, 평화는 모두 거짓입니다. 우리는 우리 자신을 속이지 않도록 하나님 앞에서 솔직해질 수 있어야 합니다.

아무도 자기를 속이지 말아야 합니다. 여러분 가운데서 누구든지 이 세상에서 지혜 있는 사람이라고 스스로 생각하거든, 정말로 지혜 있는 사람이 되기 위하여 어리석은 사람이 되어야 합니다. (고린도전서 3:18)

주님, 당신은 모든 진실의 주인이십니다. 우리가 누군가를 조종하거나 누군가에게 조종당하는 위선자가 되지 않게 도와주십시오. 아멘.

Day 23

우리 모두의 구주가 되신다는 것은

"너희 가운데서 죄가 없는 사람이 먼저 이 여자에게 돌을 던져라."라고 말씀하신 예수님은 계속해서 무엇인가를 흙에 쓰십니다. 소란했던 장소에 정적이 감돌았습니다. 모두가 돌아간 자리에 이제 죄인으로 끌려온 여자와 예수님만이 남았습니다.

예수님은 여자에게 말씀하십니다. "여자여, 사람들은 어디에 있느냐? 너를 정죄한 사람이 한 사람도 없느냐?"

여자가 대답하였습니다. "주님, 한 사람도 없습니다."

예수님은 말씀하셨습니다. "나도 너를 정죄하지 않는다. 가서, 이제부터 다시는 죄를 짓지 말아라."

예수님은 여자를 꾸짖지 않으시는 동시에, 자기 삶을

파괴하는 여자의 생활방식을 못 본 체하지도 않으십니다. 예수님은 여자에게 새로운 삶을 살아갈 새 길을 열어 주십니다.

예수님은 이 사건에서 자신이 어떤 의미에서 구주가 되시는지를 분명히 드러내십니다. 바로 예수님은 이사야의 말씀에 묘사되어 있는 것과 같이 "상한 갈대를 꺾지 않으며, 희미하게 꺼져 가는 등불을 완전히 끄지 않으며, 정의를 신실히 행하시는 분"입니다.

예수님은 고발자와 여자 모두에게 삶의 개혁을 요구하십니다. 예수님은 고발자들의 양심에 도전을 던지는 동시에, 여자에게도 삶의 방식을 바꾸라고 엄중한 책임을 지우십니다.

제가 90년대에 보냈던 안식년 기간의 어느 날 아침, 여느 때처럼 성경을 읽던 시간이었습니다. 복음서를 읽어 가는 중에 예수님이 여러 유형의 병든 사람들을 고치시며 그들에게 긍휼을 베푸시는 장면에서 갑자기 '어떤 죄도 예수님 안에서는 정죄와 형벌이 아니고, 새로운 삶의 시작'이라는 말씀이 저의 뇌리를 스치고 지나갔습니다.

그 순간 저는 그 자리에서 책상을 치면서 "아-멘! 그렇습니다. 주님 안에서는 어떤 죄도 정죄가 아닌 새로운 삶의 시작입니다."라고 기쁨의 환성을 질렀습니다. 그 후 한 주간 내내 제 영혼은 기쁨과 평강에 잠겨 있었습니다. 예수님은 우리 모두의 구주가 되십니다.

> 그는 상한 갈대를 꺾지 않으며, 꺼져 가는 등불을 끄지 않으며, 진리로 공의를 베풀 것이다. (이사야 42:3)

상한 갈대를 꺾지 않으시는 주님, 당신이 우리에게 요구하시는 것은 다른 사람에게 보이기 위한 경건이 아니라 솔직함입니다. 우리가 당신에게 솔직해질 수 있는 용기를 주십시오. 아멘.

Day 24

하나님의 생각은 다르다는 것을

예수님 당시 자신의 생을 포기하고 희망 없이 살아간 사람들이 많이 있었습니다. 그들 가운데는 귀신 들린 사람, 나병에 걸린 사람, 각종 질병을 앓고 있는 사람, 그리고 가난한 사람, 죄인 등 다양한 사람들이 있었습니다. 그들은 모두 인간의 판단과 기준으로 보면 희망이 없는 사람들이었습니다. 그 당시 유대교에서도 그들을 하나님께서 버리신 사람들이라고 규정했습니다.

이러한 그들이 예수님을 통해서 새로운 현실을 발견했습니다. 그들에 대한 하나님의 생각은 다르다는 것을 발견했습니다. 하나님은 그들을 버리지 않으셨을 뿐 아니라 그들을 위해 새로운 생을 준비하고 계셨습니다. 그들은 그것을 현실적으로 확인할 수 있었습니다. 예수께서 오셔서 그들의 친구가 되어 주시고, 귀신 들린 자에게서 귀신을 쫓아내시고, 병으로 고통 가운데 있는 자들을 고쳐 주시고, 죄를 지은 사람들을 용서하시는 그의 모습에서 그러한 사실을 확인하게 되었습니다. 그들은 하나님께서 그들을 멀리 떠났다고 생각했는데, 예수님을 통해서 하나님께서 그들에게 매우 가까이 다가오고 계신다는 사실을 알게 되었습니다. 하나님께서 그들을 위해 새로운 삶을 준비하고 계신다는 것을 보게 되었습니다.

하나님께서 그들을 위해 준비하신 새로운 삶은 돈, 건강, 성공을 그들의 손에 들려 주시는 것이 아니라, 하나님과 사랑의 교제 가운데 있는 새로운 삶이었습니다. 그들이 그때까지 생각해 온 인간의 삶의 행복과 목적과는 완전히 다른 새로운 삶이었습니다. 하나님의 은혜와 긍휼로 하나님에 의해 용서되고, 하나님과 화해되고, 치유되고, 상실한 것이 보상되고, 하나님과의 교제 가운데 있는 새로운 삶이었습니다. 그들은 그리스도를 통해 새로운 그들의 미래를 발견하게 되었습니다. 그래서 그들은 기뻐하며 하나님께 영광을 돌렸습니다.

저 역시 예수님을 통해서 하나님 안에 있는 저의 미래

를 보게 되었습니다. 그 미래는 현재의 저와는 전연 다릅니다. 하나님에 의해 용서되고, 화해되고, 치유되고, 보상된 하나님의 희망 가운데 있는 제 자신의 미래를 보게 되었습니다. 그 후부터 열등감이나 우월감, 저의 얄팍한 인생관으로 다른 사람을 판단하고 정죄하는 일, 제가 가진 도덕적 가치나 이상으로 제 자신을 얽어매고 규제하며, 그렇게 되지 않는 데서 오는 갈등과 좌절로부터 서서히 벗어나기 시작했습니다. 하나님 없는 도덕적인 신앙, 율법적인 믿음에서 하나님과 사랑의 교제 가운데 있는 새로운 삶이 저의 현실이 되기 시작했습니다.

하나님의 생각과 길이 우리의 생각과 길과는 전혀 다르기 때문에 우리는 그분을 신뢰하게 되고, 우리의 것을 지속적으로 내려놓거나 포기하게 됩니다. 우리에게는 모든 것이 우리의 생각, 신념, 방식대로 되어야 한다고 생각하는 강박관념이 있습니다. 그러나 우리는 우리의 생각과 다른 하나님에 의해 우리 자신의 얽매임과 부자유함에서 해방되어 가며 새로운 삶으로 나아가게 됩니다. 하나님께서 우리의 생각과 다르기 때문에 우리는 희망을 갖게 되고, 하나님의 뜻을 찾게 됩니다. 그래서 우리는 모든 면에서 하나님의 생각과 그의 길을 찾아가야 합니다. 거기에 우리의 길이 있고 우리의 행복이 있습니다.

일단 하나님의 생각이 우리의 생각과 다른 분이라는 사실을 알게 되면 점차 우리 삶의 방식은 나 중심에서 하나님 중심으로 바뀌게 됩니다. 우리의 보는 관점도 변하게 됩니다. 물론 기도의 내용도 변하게 됩니다.

"하늘이 땅보다 높듯이, 나의 길은 너희의 길보다 높으며, 나의 생각은 너희의 생각보다 높다. …… 나의 입에서 나가는 말도, 내가 뜻하는 바를 이루고 나서야, 내가 하라고 보낸 일을 성취하고 나서야, 나에게로 돌아올 것이다."(이사야 55:9-11)

전능하신 하나님, 당신은 우리와 너무나도 다르시기에, 당신을 우리의 언어로 무엇이라 표현할 수 없습니다. 오직 우리는 당신 앞에 무릎을 꿇고 당신의 인도하심을 기다릴 뿐입니다. 아멘.

Day 25

말씀에 담긴 하나님의 생각과 길

우리의 생각과 다른 하나님께서 그분의 뜻을 이루시는 매개체는 그분의 말씀입니다. 하나님으로부터 나오는 말씀은 사람의 입에서 나오는 말과는 근본적으로 다릅니다. 그 말씀은 무에서 유를 만들어 내시는 말씀입니다. 그분은 말씀으로 세상을 창조하셨고, 말씀으로 귀신을 쫓아내시고, 말씀으로 병을 고치시고, 말씀으로 우리를 변화시키십니다. 하나님으로부터 나오는 말씀은 반드시 그 목적한 바를 이루십니다. 그래서 우리는 하나님의 말씀을 묵상하게 됩니다.

하나님의 말씀을 묵상하는 것은 그 말씀을 우리의 생각과 우리의 길에 적용하기 위해서가 아닙니다. 우리가 그 말씀에 담긴 하나님의 생각과 길을 찾아내서 그 길로 가기 위한 것입니다. 그렇게 할 때 하나님의 말씀이 우리의 생각과 의도대로 꾸려 가는 우리의 삶을 허물고 새로운 삶으로 재형성시켜 갑니다.

하나님으로부터 나온 말씀은 반드시 그 목적한 바를 이루십니다. 우리는 그 사실을 예수님에게서 확인하게 됩니다. 예수님은 말씀으로 귀신을 쫓아내시고, 병자들을 고치셨습니다. 예수님의 말씀은 능력이 있는 말씀이었습니다. 예수님의 입에서 나온 말씀은 땅에 떨어지지 않고 그 목적한 바를 이루셨습니다. 예수님 자신이 말씀이었기 때문에 그 말씀이 하나님의 생각과 그의 길을 그대로 드러내셨고, 그의 뜻을 이루셨습니다.

하나님께서 창조하신 이 우주에는 하나님의 생각과 길이 숨겨져 있습니다. 우리가 영적으로 눈이 밝아져서 모든 사물을 깊이 바라보면 그 전에 알지 못했던 것들을 보게 됩니다. 우리는 거기서 우리의 생각과 다른 하나님을 만나게 됩니다.

하나님의 말씀은 우리의 거짓된 생각을 드러내고 바로잡습니다. 말씀은 하나님과의 교제가 없는 종교적인 형식주의를 극복하게 합니다. 히브리서 저자는 말합니다. "하나님의 말씀은 살아 있고 힘이 있어서, 어떤 양날칼보다도 더 날카롭습니다. 그래서, 사람의 속을 꿰뚫어 혼과 영을 갈라내고, 관절과 골수를 갈라놓기까지 하며, 마음에 품은 생각과 의도를 밝혀냅니다."(히 4:12)

하나님께서 우리의 생각과 다르시다는 사실을 깨달아 갈 때 조급함, 속단, 쉽게 단정하고 절망하는 습관, 종교적 위선에서 벗어날 수 있습니다. 하나님께서 우리의 생각과 다른 분이라는 사실을 알게 될 때 형식적인 신앙생활에서 하나님과 진정한 사랑의 교제가 있는 신앙생활로 바뀌게 됩니다.

위에서 오시는 이는 모든 것 위에 계신다. 땅에서 난 사람은 땅에 속하여서, 땅의 것을 말한다. 하늘에서 오시는 이는 [모든 것 위에 계시고], 자기가 본 것과 들은 것을 증언하신다. 그러나 아무도 그의 증언을 받아들이지 않는다. 그의 증언을 받아들인 사람은, 하나님의 참되심을 인정한 것이다. (요한복음 3:31-33)

오! 하나님, 우리를 우리의 헛된 소망으로부터 자유롭게 하시고, 당신의 영원한 나라에 자리잡게 하소서. 아멘.

Day 26

그 순간에 너희도 돌봄을 받는다

저의 생에 천사의 도움이 있었냐고 묻는다면 저는 그렇다고 대답할 수 있습니다. 저의 가정과 제가 어렵고 힘들 때 저를 도와주신 분들이 계십니다. 그분들은 성인이 아닙니다. 그분들은 평범한 분들입니다. 그런데 하나님께서 그분들을 통해 저와 저의 가정을 도와주셨습니다. 저의 짐이 무거울 때, 힘들 때 적절한 시기에 전연 기대하지 못했던 분들을 통해 용기와 치유, 위로, 희망을 주셨습니다. 그분들을 통해 저도 천사의 사역에 온 힘을 기울여야겠다고 다짐하곤 했습니다.

그분들의 도움으로 제 삶의 짐들이 많이 경감되었습니다. 그분들은 저의 고통, 비참, 곤궁을 많이 경감시켜 주었습니다. 그리고 살아갈 수 있는 의지를 새롭게 하여 주곤 하였습니다. 저 역시 목사로서 만나게 되는 분들을 돌봄으로 삶의 짐을 경감시켜 주고, 하나님의 부르심에 응답하며 나아갈 수 있게 돕고 있습니다. 이 세상에 다른 사람의 삶의 짐과 고통을 경감시켜 주고, 하나님께 나아가도록 하는 일만큼 고귀하고 의미 있는 일은 없습니다. 주님의 이름으로, 주님의 마음으로, 그분의 눈으로 사람을 돌보는 일이 긍휼입니다.

예수님이 산에 올라가 앉으셔서 산상수훈의 말씀을 하실 때 그 가운데는 고아와 미망인을 돌보는 사람, 선한 사마리아인과 같은 사람, 오랜 병을 앓고 있는 가족이나 이웃을 포기하지 않고 돌보고 있는 사람, 절망 가운데 있는 사람의 친구가 되어 주는 사람 등 다양한 모양으로 자기도 모르게 다른 사람을 돌보는 선한 일에 참여한 사람들이 있었을 것입니다. 그들은 "긍휼히 여기는 자는 복이 있다. 그들이 긍휼히 여김을 받을 것이다."라고 하신 예수님의 말씀에서 그들이 하고 있는 일에 대해 새로운 의미와 가치를 발견했을 것입니다. 그들은 자신들이 하는 일이 보잘것없는 무의미한 일이 아니라, 하나님 나라에서 가장 아름다운 일이라는 사실을 깨닫게 되었을 것입니다.

유진 피터슨(Eugene H. Peterson)의 메시지 성경에 이 본문이 이렇게 번역되어 있습니다. "남을 돌보는 너희는 복이 있다. 그렇게 정성 들여 돌보는 순간에 너희도 돌봄을 받는다."(마 5:7) 다른 사람을 돌보는 사람은 이미 하나님의 돌보심 가운데 있는 사람입니다. 그러한 사람은 자신이 하나님의 돌보심 없이는 살 수 없다는 것을 잘 알고 있는 사람입니다.

지금에 와서 지나온 날들을 돌이켜 보면, 저는 긍휼을 베풀어야 할 결정적인 시간을 많이 죽였습니다. 그러한 시간을 주로 한탄, 연민 가운데서 보냈습니다. 그러므로 하나님으로부터 긍휼이 없었습니다. 그러나 이제는 가급적이면 긍휼을 베풀 수 있는 시간을 죽이지 않으려 합니다.

"고통받는 이와 함께 거하는 것은 아마도 긍휼의 가장 어려운 측면일 것입니다. 아니, 감히 불가능한 일이라고까지 말하고 싶습니다. 그래서 긍휼은 하나님의 선물입니다."(장 바니에〈Jean Vanier〉, 『희망의 문』)

긍휼은 고통을 없애 주는 것이 아닙니다. 긍휼은 고통을 함께 짊어지는 것입니다. 긍휼은 비탄에 빠진 이가 더 이상 자신이 혼자라고 느끼지 않고 용기를 되찾을 수 있게 만드는 존재의 품성(品性)입니다.

자비한 사람은 복이 있다. 하나님이 그들을 자비롭게 대하실 것이다. (마태복음 5:7)

긍휼의 하나님, 당신은 우리가 힘들 때나, 좋을 때나, 아플 때나, 건강할 때나, 변함없이 우리와 함께하시는 분임을 고백하며 감사합니다. 오늘도 당신의 변함없으신 그 신실함에서 하루를 시작합니다. 아멘.

Day 27

이 길을 마련하러 가신 예수님

예수께서 세상을 떠나 하나님께로 가셔야 할 시간이 점점 가까워지자 그분은 제자들에게 그 사실을 직접, 간접적으로 알리셨습니다. 그때 제자들에게는 스승 없이 어떻게 그들끼리 살아갈 수 있을까 하는 걱정과 근심이 생겼습니다. 제자들의 마음을 읽은 예수님은 그들에게 "마음에 근심하지 말아라."라고 하셨습니다. 이는 단지 근심을 억제하라는 말씀이 아니었습니다. 예수께서 그들과 함께하셨던 것처럼 하나님께서 그들과 함께하실 것이라는 사실을 알려 주시는 말씀이었습니다. 제자들은 예수님과 함께 생활하면서도 보이지 않는 하나님께서 어떻게 그들과 함께하시는지를 알지 못했습니다. 그러나 예수께서는 자신이 그들을 떠나

시더라도 하나님께서 그들과 변함없이 함께하실 것을 믿으라고 하셨습니다.

이어 "내 아버지의 집에는 있을 곳이 많다."라고 하셨습니다. 아버지의 집에 있을 곳이 많다는 것은 공간의 넓이를 의미하는 것이 아닙니다. 하나님께서 우리와 함께하시는 방식을 의미합니다. 아버지의 집이란 하나님이 계시는 곳, 즉 하나님의 마음을 뜻합니다.

예수님 당시 유대 종교는 하나님의 집의 개념을 매우 좁게 만들었습니다. 그 집은 율법을 철저히 지키는 사람만이 들어갈 수 있는 곳이었습니다. 그래서 그 당시 사회에는 하나님의 집에 들어갈 자격이 있는 사람과 그렇지 못한 사람들이 사회계층으로 나누어지게 되었습니다. 그 당시 서기관과 바리새인 같은 사람들은 하나님의 집에 들어갈 수 있는 사람, 하나님의 축복 가운데 있는 사람들이었습니다. 그 반면에 세리, 창녀, 귀신들린 사람, 병든 자, 가난한 자는 하나님의 집에 들어갈 수 없는 계층으로 분류되어 있었습니다.

그러나 예수님이 오셔서 그러한 생각을 완전히 바꾸어 놓았습니다. 그들도 하나님의 집에 초대받았음을 알려 주셨습니다. 하나님의 집이 그만큼 넓다는 것을 알려 주셨습니다. 그곳은 하나님의 사랑과 긍휼로 이루어진 넓은 곳입니다. 그 집은 어떤 신분의 사람, 어떤 종류의 병자, 어떤 유형의 죄인이라도 누구나 다 거할 수 있는 무한히 넓은 곳입니다.

하나님께서 우리와 함께하시는 방식은 그렇습니다. 예수님은 이 길을 마련하러 간다고 말씀하셨습니다.

"너희는 마음에 근심하지 말아라. 하나님을 믿고 또 나를 믿어라. 내 아버지의 집에는 있을 곳이 많다. 그렇지 않다면, 내가 너희가 있을 곳을 마련하러 간다고 너희에게 말했겠느냐? 나는 너희가 있을 곳을 마련하러 간다."(요한복음 14:1-2)

사랑의 하나님, 이 현실에서 우리의 생이 끝나면 우리가 갈 곳은 스올이 아니고 우리를 기다리고 계시는 아버지의 집입니다. 오늘도 이 소망을 갖고 하루를 시작합니다. 아멘.

Day 28

거할 곳이 많은 아버지의 집으로

예수께서 이 세상에 오셔서 우리가 찾고 있는 장소를 알려 주셨습니다. 그리고 그 장소에 갈 수 있는 길을 열어 주셨습니다. 그래서 예수님은 자기 자신을 가리켜 길이요, 진리요, 생명이라 하셨습니다. 사람들은 그들이 찾는 곳이 하나님의 집이라는 것과 그곳이 어디인지도 모르고, 그곳으로 가는 길도 모릅니다. 그런데 예수께서 그 길을 열어 놓으셨습니다.

예수께서 예비하신 곳은 거할 곳이 많은 아버지의 집입니다. 우리가 갖는 희망과 기쁨, 자유는 우리의 여행 끝에 돌아갈 아버지의 집이 있다는 것에서 비롯됩니다. 그 아버지의 집을 바라볼 때 사소한 것에 대한 집착에서 벗어나게 되고, 생의 염려와 불안에서도 자유로워집니다. 각박한 현실을 살아가는 우리가 무한한 여유와 평안을 갖게 합니다. 우리 삶의 지평을 이 현실에서 저 영원한 지평으로 넓혀 줍니다. 그러한 여유와 단순함이 거할 곳이 많은 아버지의 집을 바라보는 데서부터 이루어진다는 것을 우리는 부인할 수 없습니다.

거기에는 사랑, 위로, 받아들임, 용서, 치유가 있습니다. 그래서 거할 곳이 많습니다. 많은 사람이 찾아 헤매는 곳은 사랑, 위로, 치유가 있는 곳인데 바로 아버지의 집이 그러한 곳입니다. 그곳에는 우리가 찾고 있는 희망, 기쁨, 평화가 있습니다. 사람들은 희망, 기쁨, 평화를 찾아 평생을 허비합니다. 하나님의 집에는 우리가 추구하는 것들이 있습니다.

우리는 우리를 구원하기 위해 오신 아기 예수가 태어나신 말구유에서, 아버지의 집으로 이어져 있는 그 길을 보게 됩니다. 그 길에서 진리가 무엇이며, 생명이 무엇임을 다시 깨닫게 됩니다. 우리가 아버지의 집에서 만난 진리와 생명은 하나님 자신입니다. 복음서 기자들은 예수께서 말구유에서 태어나신 것이 있을 집이 없었기 때문이라고 전해 주고 있습니다. 그것은 역설적으로 하나님의 집에는 거할 곳이 많다는 것을 알려 주는 기쁨의 소식입니다.

오늘날 편견, 이기심, 적대감, 욕심 때문에 사람들이 살아갈 환경이 극도로 파괴되어 가면서 사람들이 거할 장소들이 점점 없어지고 있다는 문제가 있습니다. 이러한 문제를 궁극적으로 해결할 수 있는 길은 우리 모두가 거할 곳이 많은 아버지의 집으로 돌아오는 것입니다. 거할 곳이 많은 아버지의 집으로 돌아올 때 우리가 사는 세상 역시 거할 곳이 많아질 것입니다.

도마가 예수께 말하였다. "주님, 우리는 주님께서 어디로 가시는지도 모르는데, 어떻게 그 길을 알겠습니까?" 예수께서 그에게 말씀하셨다. "나는 길이요, 진리요, 생명이다. 나를 거치지 않고서는, 아무도 아버지께로 갈 사람이 없다."(요한복음 14:5-6)

오시는 하나님, 점점 살기 힘든 세상으로 변해 가는 우리의 현실을 모든 피조물이 평화롭게 살 수 있는 세상으로 만들어 주소서. 아멘.

Day 29

자아의 종말이 하나님의 시작이므로

사람은 누구나 이 세상에 태어나면서 생존을 위한 기술과 삶의 방식을 나름대로 익혀 갑니다. 거기에 경험적 지식이라는 것이 하나 더 첨가됩니다. 그러면서 사회적으로 어느 정도 그 분야에서 성공을 거두었을 경우, 자만과 자기 의가 형성됩니다. 나중에는 그러한 것들이 거의 절대적인 것이 됩니다. 그러나 그러한 안정이 더 이상 우리의 삶을 지탱해 주지 못할 때가 있습니다. 평생에 걸쳐 익힌 기술과 경험을 가지고 열심히 노력하며 살아가고 있음에도 불구하고 무언가 알 수 없는 공허와 허탈이 우리를 지배할 때가 있습니다.

시몬이 밤이 새도록 수고하였으되 아무것도 잡지 못하고 호숫가로 돌아와 그물을 씻는 모습에서 우리는 우리 자신의 영적 위기를 읽어낼 수 있습니다. 그러한 상태에서 우리의 사고와 삶의 태도는 매우 부정적입니다. 그 누구의 말도 잘 들으려고 하지 않습니다.

우리가 바로 그러한 영적 체념의 해안에 정박해 있을 때 하나님께서 우리에게 찾아오셔서 "깊은 데로 가서 그물을 내리라."고 말씀하십니다. 이 말씀에는 깊은 영적 의미가 담겨 있습니다. "지금까지 너의 자아중심적인 삶을 떠나서 새로운 중심의 세계를 향하여 나아가라."는 뜻입니다. 하나님은 체념한 우리에게 찾아오셔서 다른 깊은 곳을 가리키며 그곳으로 가서 그물을 던지라고 하십니다. 그때 우리가 그 음성을 거부하면 우리의 삶에는 아무런 변화가 없습니다. 그러나 "밤이 새도록 수고하였어도 잡은 것이 없지만 말씀에 의지하여 내가 그물을 내려 보겠습니다." 하고 순종하면 그 순간 우리에게 새로운 세계가 열리게 됩니다.

이때 시몬은 평생 손에 쥐어 보지 못한 목돈을 본 것이 아닙니다. 그것과는 전혀 다른 것을 보았습니다. 시몬은 자기에게 명령한 그분에게서 하나님의 영광을 보았습니다. 그와 동시에 그는 자신이 죄인임을 발견하게 되었습니다. 시몬은 예수의 무릎 아래에 엎드렸습니다.

그 순간 시몬에게는 그가 예측하지 못하였던 새로운 비

전의 세계가 열렸습니다. 장차 하나님 나라의 어부가 되어 사람을 취하는 것이었습니다. 한편 시몬에게 지금까지 그가 살아온 자아중심의 삶에 종말이 왔습니다. 그 대신 하나님의 거룩함으로 나아가는 새로운 삶으로 시작을 맞이하게 되었습니다.

"깊은 데로 가서 그물을 내리라."는 명령은 거룩하신 하나님께서 우리에게 찾아오셔서 주시는 새로운 영적 차원의 비전입니다. 이 비전의 세계는 "말씀에 의지하여 그대로 하겠나이다."라고 순종할 때 열리게 됩니다. 그때 우리 앞에는 우리 자신의 비참성이 드러납니다. 우리가 전에 그렇게 확신 가운데서 고수했던 것들, 그것들에 의존해서 무엇이 된 것처럼 생각했던 우리 자신의 모습이 너무 부끄럽게 여겨집니다.

"하나님의 비전은 우리의 모든 것을 드러나게 하고 고백하게 하지만 언제나 유익한 것을 가져온다. 하나님은 우리를 낮추시는 데 목적이 있으신 것이 아니다. '자아의 종말이 하나님의 시작이므로' 그것이 우리 자신에 대한 끝을 가져온다 할지라도 두려워할 필요가 없다."(오스왈드 샌더스〈Oswald Sanders〉)

만물을 새롭게 하시는 하나님은 우리 한 사람 한 사람에게 희망의 비전을 가지고 계십니다. 그분은 우리에게 찾아오셔서 지금 있는 곳에 머물러 있지 말고, "깊은 곳으로 가서 그물을 내리라."고 하십니다. 기회가 언제나 있는 것은 아닙니다. 영적 생활의 기회를 놓치면 그만큼 삶의 기회도 상실해 갑니다.

예수께서 말씀을 그치시고, 시몬에게 말씀하셨다. "깊은 데로 나가, 그물을 내려서, 고기를 잡아라."(누가복음 5:4)

주님, 당신만이 홀로 빛과 영광 가운데 계십니다. 오늘도 우리가 살고 있는 어두움 가운데 영광의 빛으로 임하소서. 아멘.

Day 30

하나님의 아픔이, 하나님의 승리가

　인간의 지성이 깨어나면서 사물에 대한 편견에서 많이 벗어나고 있지만, 아직도 그 길은 요원합니다. 인간이 사물을 있는 그대로 보고 이해하지 못한다는 것 자체가 인간은 죄인이라는 사실을 말해 주고 있습니다. 그렇게 말할 수 있는 것은 영성생활에서 사물을 있는 그대로 보고, 편견으로부터 자유로워지며, 건강한 자존감이 이루어지는 변화의 경험에서 인간을 지배하고 있는 것이 죄라는 사실을 확인하게 되기 때문입니다. 죄의 특성은 인간을 자기중심의 세계에 갇혀 있게 하고, 편견을 갖게 하고, 어두운 생각과 감정에서 삶을 부인하게 합니다.

　옛날 유대 사회는 인간에 대한 편견이 매우 심했습니

다. 여인에 대한 편견, 유아에 대한 편견, 부자에 대한 편견, 높은 자리에 대한 편견, 장애인, 병자들에 대한 편견이 그 시대의 보편적 가치였습니다. 특별히 세리, 창녀, 나병환자, 혈루병자, 귀신 들린 사람, 앞을 보지 못하는 사람들은 사회로부터 소외된 것에 대한 절망보다는, 하나님으로부터 버림받았다는 잘못된 단정이 그들을 더욱더 고통스럽게 했습니다.

바디매오도 그중 한 사람이었습니다. 평생 앞을 볼 수 없다는 절망보다도, 하나님으로부터 버림받았다는 단정이 그를 더욱더 고통스럽게 했을 것입니다. 그러한 그에게 가느다란 희망의 빛이 흘러들었습니다. 그것은 나사렛 예수라는 사람이 자기와 같이 곤궁한 삶에 처한 사람들을 찾고 맞이해 준다는 소식이었습니다. 그에게 믿음과 희망이 생겨났습니다. 어느 날 예수님과 허다한 무리가 여리고에서 나갈 때 바디매오는 예수님에게 자신을 불쌍히 여겨 달라고 애원했습니다. 예수님과 함께한 무리는 바디매오가 예수님에게로 나아가는 데 도움을 주기보다는 오히려 그에 대한 편견으로 그를 예수님으로부터 격리하려고 했습니다.

바디매오가 경험한 어두움은 이 시대에 살아가고 있는 사람들의 답답함과 고통이기도 합니다. 눈을 뜨고 살아가고 있지만, 눈에 보이는 것은 사물의 표면밖에 보이지 않습니다. 그러나 인간이 당면하는 고통과 불행이 인간의 운명을 규정하고 만다면 인간에게는 희망이 없습니다. 그런데 그것이 아니라는 것입니다. 거기에 하나님의 아픔, 하나님의 승리가 내포되어 있습니다.

그러한 사실이 예수님의 십자가와 부활에서 나타났습니다. 인간의 고통에 하나님의 아픔이 포함되어 있기 때문에 우리는 우리의 고통을 가지고 예수님에게 나아가 도움을 요청할 수 있습니다. 예수님은 단지 우리의 고통을 듣고 이해하는 것뿐만 아니라 그것에서 승리할 수 있는 길로 우리를 인도해 가십니다. 그래서 우리는 어떤 상황에서도 낙심하여 삶을 포기하지 않고 때를 따라 돕는 은혜를 얻기 위해 주님의 보좌 앞으로 담대하게 나갈 수 있습니다.

우리는 고통을 위해 태어난 것이 아닙니다. 우리는 고통이 있는 세상에서 주님의 승리를 삶으로 살기 위해 태어난 사람들입니다. 우리는 그러한 삶을 예수님 안에서 발견하고 그의 능력으로 그러한 삶을 살아가게 됩니다. 그러한 현실을 믿고 희망 가운데서 살아가는 사람이 그리스도인입니다.

고난과 고통, 어둠이 있는 이 현실에서 하나님의 승리

를 삶으로 살아가는 비결은 오직 한 가지입니다. 우리 자신을 십자가에 못 박고, 부활하신 그리스도께서 내 안에서 사시도록 자리를 비워 드리는 것입니다.

예수께서 걸음을 멈추시고, 그를 불러오라고 말씀하셨다. 그리하여 그들은 그 눈먼 사람을 불러서 그에게 말하였다. "용기를 내어 일어나시오. 예수께서 당신을 부르시오."(마가복음 10:49)

우리의 어두움을 밝히시는 주님, 주님만이 우리의 어두움을 밝히는 빛이십니다. 오늘도 당신의 그 빛 가운데로 우리를 부르시니 감사합니다. 아멘.

Day 31

다른 사람을 용서하는 것은

주님의 기도를 따라 우리는 "우리가 우리에게 잘못한 사람을 용서하여 준 것같이 우리 죄를 용서하여 주소서."라고 고백합니다. 이 기도에 담긴 뜻을 보다 더 적절하게 드러낸다면 이렇게 표현할 수 있습니다. "아버지께 용서받은 우리가 다른 사람들을 용서하게 하소서."(메시지 성경)

이미 우리가 알고 있는 바와 같이 우리는 아버지의 이름을 거룩하게 하며, 오고 있는 그의 나라에서 그분의 뜻이 하늘에서와 같이 우리 가운데서 이루어지게 하는 일에 참여하도록 명령받고, 허락받고, 초청받았습니다. 이러한 사역으로 초청받았다는 것은, 우리는 하나님께 용서받고, 받아들여짐으로 하나님과 화해되었다는 사실이 전제됩니다. 우리는 하나님의 사랑을 입은 자로서 하나님 나라의 거룩한 사역에 초청받은 사람들입니다. 그러한 우리에게는 초청받지 아니한 사람들과는 다른 삶의 방식이 있습니다. 그 삶의 방식은 하나님과 화해의 삶, 나 자신과 화해의 삶, 이웃과 화해의 삶, 자연과 화해의 삶입니다. 이러한 삶의 방식은 우리의 일상적인 삶에서 지속적으로 갱신되어 가야 합니다. 그렇지 않으면 이러한 삶의 방식에서 드러나게 될 거룩한 하나님의 활동이 현실적 사건이 되지 못합니다.

하나님은 우리를 독존적인 존재로 살도록 부르지 않으셨습니다. 이웃과 더불어 살아가는 공동체의 삶으로 우리를 부르십니다. 그런데 우리는 우리의 이웃과 더불어 화해의 삶을 살아가는 데 너무 미숙합니다. 그 이유는 너무나 자기중심적이기 때문입니다. 그러므로 더불어 화평을 추구하며 살아가야 할 이웃은 우리에게 짐이 되고, 갈등과 분노의 감정을 불러일으키는 대상으로 다가올 때가 많습니다. 우리는 이웃 때문에 시험에 빠지게 됩니다.

그럼에도 불구하고 우리는 이웃과 화해의 삶을 배워가면서 이 땅에 하나님의 평화를 실현해 가야 합니다. 우리가 다른 사람의 잘못을 용서하고 받아들이는 것은 우리가 용서받기 위함이 아니라 아버지의 나라가 실현되도록 하기 위해서입니다. 우리가 다른 사람의 잘못을 용서하는 것은 오고 있는 하나님 나라를 현실로 받아들이는 것입니다. 그 나라에서 제일 우선되는 것은 다른 사람과의 화해입니다. 거기에서는 이념도, 인간적인 이해관계도, 나 중심의 어떤 주장도 다 내려놓게 됩니다. 그리고 하나님의 이름이 거룩하게 되는 일과 그분의 뜻이 이루어지는 일이 우선이 됩니다. 거기에는 아쉬움이나 상실감이 없고 기쁨과 충만함이 있습니다.

하나님 나라에서 다른 사람의 잘못에 대한 용서의 근거는 나의 기분, 이해 관계, 상대방의 태도에 있지 않고 전적으로 하나님께 있습니다. 다른 사람을 용서하는 것은 자기 자신이 하나님으로부터 용서받은 사람이라는 사실을 받아들이는 것입니다. 이미 하나님으로부터 갚을 수 없는 빚을 탕감받은 사실을 시인하고 받아들이는 것입니다. 이 기도를 다른 말로 표현하면 "아버지께 빚을 탕감받은 제가 다른 사람의 빚도 탕감합니다."입니다.

> 우리가 우리에게 죄 지은 사람을 용서하여 준 것 같이 우리의 죄를 용서하여 주시고, (마태복음 6:12)

빛이신 주님, 우리가 지난날의 어두움 가운데 머물러 있지 않고 빛 가운데 살도록 우리를 용서하시며, 용서할 수 있도록 해 주시니 감사합니다. 아멘.

Day 32

새로운 삶이 현실이 되려면

　우리가 우리에게 죄지은 사람을 용서하고, 아울러 우리의 죄를 용서해 달라고 기도하는 것은 옛 삶으로 돌아가지 않고, 용서받은 자의 새 삶으로 나아가는 일이 됩니다. 우리는 하나님으로부터 용서되고 화해되었을 뿐만 아니라 하나님의 의도 가운데 있는 새로운 삶으로 부름을 받고 있습니다. 우리의 미래는 하나님의 부르심 가운데 있습니다. 우리가 용서하고 용서를 구하는 것은 하나님의 의도 가운데 있는 새 삶을 실현해 가는 매우 구체적인 행동입니다.

　아침에 눈을 뜨고 자리에서 일어나 과거를 돌아보며 후회와 원한에서 하루를 시작하는 것이 아니라, 하나님의 용서 가운데서 용서하고 용서받은 자로, 그리고 새로운 삶으로 부르심을 받은 자로 살아가게 됩니다. 하루를 감사와 찬양으로 시작하게 됩니다. 우리는 우리에게 잘못한 사람, 우리에게 상처를 준 사람에게 보상을 요구하거나, 그들이 우리에게 진 빚을 받아 내는 일로 하루의 시간을 보내는 사람이 아닙니다. 하나님의 장부에는 이미 내가 진 빚도 다 탕감이 되어 있고, 나에게 빚을 지고 있는 사람의 빚도 이미 그분이 다 탕감해 주셨다고 기록되어 있습니다. 그리고 거기에는 이런 약속이 있습니다. "내가 너에게 새 삶을 주노라. 너는 이 새 삶을 살아가거라!"

진정한 의미에서 이 기도는 다른 사람을 용서한다는 사실에 초점이 맞추어 있기보다는 새로운 삶에 있습니다. 새로운 삶에서는 지속적인 갱신이 필요합니다. 그렇지 않으면 새로운 삶이 현실이 되기 어렵습니다. 그러한 갱신은 용서받고 용서하는 데서 이루어집니다. 그러면서 새로운 삶의 장애물이 극복되고 삶의 매듭이 풀려납니다. 삶의 매듭을 풀지 못하면 새로운 삶으로 나아가기가 어렵습니다.

또한 이 기도의 이면에는 하나님께서 이루신 구속의 활동이 전제되어 있습니다. 그렇지 않으면 이 기도는 불가능합니다. 우리가 어떻게 다른 사람의 죄를 용서할 수 있고, 용서받을 수 있겠습니까? 그것은 우리로서는 불가능한 일입니다. 우리는 이 기도를 드릴 때 예수님의 십자가와 부활을 생각하지 않을 수 없습니다. 그 사건이 없이 이 기도는 불가능합니다. 하나님에 의해 성취된 구원의 활동은 지금도 이미 사람들의 일상에서 현실의 사건으로 드러나고 있습니다. 자신의 죄가 하나님에 의해 용서됨으로 하나님께 내가 받아들여지고 하나님과 화해되었다는 사실을 깨달은 사람들이 하나님께 헌신을 약속하고 새 삶을 시작하는 구원의 활동은 지금도 이 현실에서 이루어지고 있습니다. 하나님의 용서를 받아들인 사람들에 의해 형제를 용서하고 받아들이고 화해하는 일이 일어나고 있습니다.

이러한 일은 예수 그리스도의 은혜와 하나님의 사랑에 의해 하늘에서 이루어진 일로써 부활의 영이신 성령에 의해 우리 가운데서 현실적 사건으로 발생하고 있습니다.

"너희가 남의 잘못을 용서해 주면, 너희 하늘 아버지께서도 너희를 용서해 주실 것이다. 그러나 너희가 남을 용서해 주지 않으면, 너희 아버지께서도 너희의 잘못을 용서해 주지 않으실 것이다."(마태복음 6:14-15)

자비로우신 주님, 우리가 후회, 부끄러움, 변명으로 지난날에 머물러 살지 않고, 주님이 허락하신 새로운 삶으로 나아가게 하시니 감사합니다. 아멘.

Day 33

믿음으로 받아들임으로

　복음서에서 예수님은 '네가 무엇을 하면 그렇게 될 것'이라고 하지 않습니다. '이미 너를 위해 하나님께서 다 이루어 놓으셨다.'라고 하십니다. '네가 무엇을 하면 거기서 풀려날 것'이라 하지 않습니다. '하나님께서 이미 너를 용서하시고, 사랑하셔서 풀어 놓으셨다.'라고 하십니다. 우리는 그러한 사실을 시인하고 받아들이면 됩니다. 새로운 삶은 우리가 선한 결심을 하거나 율법을 지켜서 얻어지는 것이 아닙니다. 새로운 삶은 하나님께서 우리를 위해 새로운 삶을 마련하셨다는 진리를 믿음으로 받아들이는 데서 시작됩니다.

　하나님께서 마련하신 그곳에 새로운 삶의 길이 있습니다. 우리가 아무리 스스로 새로운 삶을 시작하려고 해도, 거기에 응답되는 우주의 초월적인 거룩한 의지와 그것을 가능하게 하는 능력이 없으면 그 길은 불가능합니다. 그런데 바로 그 길이 예수 그리스도의 은혜와 하나님의 사랑에 의해서 마련되었습니다. 그리고 그러한 일이 우리에게 현실적인 사건으로 발생하게 하시는 분이 성령이십니다.

안식일이면 회당을 찾던, 등이 굽은 한 여인에게는 자신의 운명을 바꾸고자 하는 그 어떤 의지나 내적 동기도 없었습니다. 그는 하루하루 그저 그렇게 시간을 보내는 것으로 삶을 연명해 가고 있었습니다. 그런데 어느 날 갑자기 그는 자신의 생각이나 의지와는 상관없이 현재 그의 현실과는 전연 다른 희망의 삶이 하나님에 의해 계획되어 있음을, 예수님을 통해 알게 되었습니다. 여인은 자신을 찾아오신 하나님을 맞아들이게 되었습니다. 여인은 그분을 찬양하게 되었습니다. 여인은 자신에게 생명을 주신 생명의 근원, 자신의 삶에 빛을 주시는 빛의 근원, 자신을 사랑하시는 사랑의 근원을 만나게 되었습니다.

이것이 바로 율법이 아닌, 믿음의 법입니다. 이 믿음의 법에서는 인간의 구원을 위해 인간에게 요구되는 것이 없습니다. 이미 하나님께서 다 이루어 놓으신 구원의 선물을 받아들이기만 하면 됩니다. 그런 다음에 하나님의 영의 인도하심을 따라 하나님의 자녀로 살아가는 삶의 방식을 배워가야 합니다. 그것도 순전히 자발적인 것입니다. 믿음의 법은 인간의 자랑이 멈추고 하나님의 진실한 의로움이 시작되는 토대요, 질서요, 빛입니다. 믿음의 법은 하나님의 부정과 긍정에서 이루어진 새로운 법입니다. 하나님의 부정은 하나님께서 인간의 죄를 간과하시지 않고 하나님 스스로 죄를 담당하신 것이요, 긍정은 그것에 근거해서 인간을 의롭다 하신 것입니다.

하나님은 인간에게 그 어떤 선도 기대하지 않으시고, 오직 하나님의 자유 가운데서 구원의 길을 마련하셨습니다. 믿음의 법에서는 인간의 공적, 인간의 업적, 인간의 자랑이 모두 제외됩니다. 그러한 것들이 설 자리가 없습니다. 오로지 하나님의 은혜만이 있을 뿐입니다. 믿음의 법에서 믿음은 만물을 새롭게 하시는 하나님의 새 일을 볼 수 있는 창으로 비유할 수 있습니다. 그래서 믿음으로 사는 사람에게는 언제나 희망이 있습니다.

우리는 묵상 생활을 통해 하나님에 의해 이루어져 가는 새로운 현실을 보게 되고 그러한 일을 해 가시는 하나님을 신뢰하게 되고, 그분 하나님과 더욱 가까워지게 됩니다. 결국 그것도 하나님의 은혜의 선물입니다. 그렇기 때문에 자랑할 것이 없습니다. 하나님께서 우리를 죄 없다고 하신 것은 우리가 선하고 착하게 살기 때문이 아닙니다. 하나님께서 그렇게 하셨기 때문입니다. 우리가 죄 없다고 선고받은 것은 전적으로 하나님의 은혜입니다. 우리가 저주의 운명에서 풀려나게 된 것은 율법을 행하기 때문이 아닙니다. 하나님의 은혜의 선물인 믿음으로입니다.

예수께서는 이 여자를 보시고, 가까이 불러서 말씀하시기를, "여자야, 너는 병에서 풀려났다" 하시고, 그 여자에게 손을 얹으셨다. 그러자 그 여자는 곧 허리를 펴고, 하나님께 영광을 돌렸다. (누가복음 13:12-13)

사랑의 주님, 우리는 치유받고 회복되고 용서받은 사람들입니다. 주님께서 우리에게 선물로 주신 새로운 삶을 살아내도록 도와주시옵소서. 아멘.

Day 34

우리 앞에는 죽음이 아닌 부활의 때가

 사두개파 사람들의 부활에 대한 질문에 대해 예수님은 말씀하셨습니다. "부활 때에는 사람들은 장가도 가지 않고, 시집도 가지 않고, 하늘에 있는 천사들과 같다. 하나님은 죽은 사람의 하나님이 아니라, 살아 있는 사람의 하나님이시다."

 "부활의 때에는 장가도 가지 않고, 시집도 가지 않는다."는 예수님의 말씀에는 부활이 삶의 폐기가 아닌 삶의 변형이라는 뜻이 담겨 있습니다. 여기서 변형이란 그전 것이 다 무의미해지고 새로운 것으로 바뀐다는 뜻에서의 변형이 아닙니다. 그때까지 살아온 삶이 온전한 의미로 성취된다는 뜻에서의 변형입니다. 하나님께서 인간을 지으실 때

남자와 여자로 지으시고 두 사람이 결합하여 서로 온전한 사람으로 살아가도록 하셨습니다. 그렇게 온전한 삶을 지향하는 인간의 본래 삶의 방식이 부활에서 성취되므로, 그렇지 못한 삶의 방식에서 풀려난다는 뜻에서 변형입니다.

> "영원한 생명으로의 부활은, 하나님에게서는 그 무엇도 상실되지 않습니다. 즉 지상의 삶의 고통도, 행복의 순간도 상실되지 않습니다. 사람은 하나님에게서 마지막 순간뿐만 아니라, 그의 전 역사를 다시 발견하게 됩니다. 그런데 그때의 그의 삶은 화해되고, 올바르게 회복되며, 치유되고 완성된 그의 삶의 역사로서 발견하게 됩니다."(위르겐 몰트만 〈Jurgen Moltmann〉, 『오시는 하나님』)

몰트만에 의하면 영원한 생명으로의 부활은 결합의 힘이며, 시간적으로는 모든 시간적 순간이 영원한 현재 속으로 수렴되는 것과 같으며, 사실적으로는 삶의 형태에 있어 전체로의 치유이며, 사회적으로는 영원한 사랑 속에서 이루어지는 새로운 교제를 얻는 것이라 말할 수 있습니다. 그러한 뜻에서 삶은 변형되지 폐기되지 않습니다.

이러한 하나님과 관계 맺은 삶은 내세에서 시작되지 않

고 현세에서부터 시작됩니다. 그 출발점은 예수 그리스도의 십자가입니다. 예수 그리스도와 함께 십자가에서 죽고, 부활하신 그리스도와 함께 부활의 삶이 시작됩니다. 거기서 새로운 삶의 중심을 찾게 되면서 하나님과 나, 그리고 나와 나 자신, 나와 이웃, 나와 자연이라는 새로운 관계가 형성됩니다. 그때의 나는 나 홀로가 아닌 영적 관계에 있는 인격이 됩니다. 이러한 인격적 관계에서 치유와 보상, 화해가 이루어져 갑니다. 그런 의미에서 부활은 이미 있었던 것들이 전부 소멸되고 나서 이루어지는 새로운 창조가 아닌, 사멸할 이 삶의 영원한 삶으로의 새 창조, 곧 우리의 삶이 신적인 삶 속으로 받아들여지는 것을 말합니다. 인간은 영적 존재입니다.

우리 앞에 기다리고 있는 것은 죽음이 아니며 부활입니다. 만약 죽음이 전부라면 우리의 현재 삶은 아무런 의미도 희망도 없습니다. 우리는 죽기 위해 사는 것이 됩니다. 결국 죽음이 모든 것의 끝이라면 삶에는 어떤 목적도 없습니다. 그런데 우리 앞에는 죽음이 아닌 부활의 때가 있습니다. 우리에게는 영원의 시간으로 열려진 출구가 있습니다. 이 부활의 힘은 현세에서도 우리의 삶을 새롭게 일으켜 세웁니다. 우리는 체념과 절망에서 삶을 대하면 안 됩니다. 우리는 부활의 신앙에서 현세의 삶을 받아들여야 합니다. 우리 삶의 대명제인 믿음, 소망, 사랑의 삶은 부활에 그 근거를 두고 있습니다.

> 부활 때에는 사람들은 장가도 가지 않고, 시집도 가지 않고, 하늘에 있는 천사들과 같다. …… 하나님께서는 '나는 아브라함의 하나님이요, 이삭의 하나님이요, 야곱의 하나님이다' 하고 말씀하셨다. 하나님은 죽은 사람의 하나님이 아니라, 살아 있는 사람의 하나님이시다. (마태복음 22:30-32)

우리에게 새로운 삶을 주신 하나님, 오늘도 당신께서 우리에게 주신 부활의 새 삶으로서 하루를 시작합니다. 감사합니다. 아멘.

Day 35

창조의 완성인 부활

우리가 쉼을 갖는 이유는 쉼을 통해 하나님의 창조에 참여하는 삶을 살아가기 위해서입니다. 쉼이란 창조를 위한 것이며 창조에는 쉼의 의미가 포함되어 있습니다.

하나님은 엿샛날까지 하시던 일을 다 마치시고, 이렛날에는 하시던 모든 일에서 손을 떼고 쉬시고, 그날을 복되고 거룩하게 하셨습니다(창 2:2-3). 하나님의 쉼은 창조의 끝이 아니고 창조의 완성의 때를 지향하고 있습니다. 다시 말하면 하나님의 쉼에는 만물을 새롭게 하시는 그때가 포함되어 있습니다. 유한한 시간 안에 있는 모든 유한한 것들이 영원의 시간 안에서 영원히 살게 되는 새로운 변형의 때가 하나님의 쉼에 포함되어 있습니다.

이와 같이 하나님께서 인간을 포함한 모든 피조물을 창조하신 본래 의도는 죽음 그 자체가 끝이 아닙니다. 영원의 시간에서 삶의 부활 때의 변형이 창조의 목적에 포함되어 있습니다. 그래서 창조와 변형은 서로 깊은 연관이 있습니다. 창조는 변형의 때를 지향하고 변형은 창조의 시간에 포함됩니다. 하나님께서 만물을 새롭게 하신다는 것은 부활의 때에 모든 것을 폐기시키고 다시 새롭게 창조하신다는 것이 아닙니다. 우리를 영원한 시간에서 영원히 살 수 있는 존재로 변형시킨다는 뜻입니다. 만약 부활이 없다면 창조의 종국은 죽음으로 모든 것이 끝나게 될 것입니다.

하나님의 창조는 창조 그 자체로서 보시기에 좋은 것이지만 거기에는 보시기에 좋은 것의 성취가 포함됩니다. 그것은 하나님의 영광 가운데서 그가 창조한 모든 피조물의 새로운 변형입니다. 그러한 변형이 부활의 때에 있을 변형 그 자체입니다. 부활은 그러한 의미에서 하나님의 창조가 완성되는 시간입니다. 그래서 기독교의 종말은 창조된 모든 것이 폐기되고 없어지는 시간이 아닙니다. 마지막 때는 모든 것이 새롭게 되는 창조의 완성의 때입니다. 그때는 우리도 신령한 몸으로 변형됩니다. 그리고 새로운 시작이기도 합니다.

창조 때 흙으로 빚어진 인간은 하나님으로부터 생명을 받았습니다. 그러나 인간이 받은 생명은 제한적이었습니다. 인간에게 생명을 수여한 생명의 근원이신 하나님은 인간으로부터 초월해 계십니다. 인간의 생명은 유기체의 기능이 아닌 창조주 하나님으로부터 받은 선물입니다. 인간이 생명의 근원과 단절된 상태에 있을 때 제한적으로 받은 그 생명은 영원하지 못함으로, 인간은 죽어서 흙으로 돌아갑니다. 그런데 창조주 하나님은 죽음으로 인간의 삶이 끝나도록 놔두시지 않습니다. 마감시키기 위해 창조하시지 않았습니다. 하나님의 창조 세계에 참여하여, 영원히 하나님의 영광에 참여하여 살게 하는 길을 마련하셨습니다.

인간의 죽음 너머에는 생명의 수여자이신 하나님이 계십니다. 인간에게 생명을 수여하신 생명의 근원이신 하나님은 인간에게 다시 새로운 생명을 수여하심으로, 더 이상 생명의 근원인 하나님과 분리되지 않고 영적인 몸으로서 하나님의 영과 영원히 연합하게 하십니다. 그와 같이 죽음 이후에는 새로운 삶이 있습니다. 그때는 만물을 새롭게 하시는 하나님의 창조가 완성되는 시간입니다. 인간의 삶의 궁극적인 의미와 목적은 하나님의 그 완성의 때에 있습니다. 그래서 우리는 그것을 삶의 목표로 삼아야 합니다.

……첫 번째 아담은 생명을 얻었고, 마지막 아담은 생명을 주는 영이 되었습니다. 육체의 생명이 먼저 오고, 영적인 생명은 그 다음에 옵니다. 기초는 흙으로부터 단단히 빚어졌지만, 최종 완성은 하늘로부터 옵니다. 첫 번째 사람은 흙에서 난 이래로, 사람들은 땅에 속한 사람이 되었습니다. 두 번째 사람은 하늘에서 났고, 사람들은 이제 하늘에 속한 사람이 될 수 있습니다. 이제껏 우리는 땅에 뿌리를 두고 살아왔지만, 이제는 하늘에 속하는 것을 목표로 삼아야 합니다. (고린도전서 15:45-49, 메시지 성경)

만물을 새롭게 하시는 하나님, 당신만이 우리의 찬미를 받으실 분이며, 당신만이 우리가 희망을 갖고 살게 하시는 분입니다. 그러기에 우리는 당신께만 찬양과 감사를 드립니다. 아멘.

Day 36

숨어 계신 분, 예수

　십자가에 처형되어 죽으신 예수님이 살아나셨다는 소식이 들려온 이 날, 예수님을 따르고 사랑하던 이들 중 두 사람이 그들의 고향 엠마오로 걸어가고 있었습니다. 그들은 예루살렘에서 충격적인 주말을 보낸 후, 엠마오의 집으로 돌아가고 있었으리라 짐작됩니다. 그들의 친구요, 스승인 동시에 그들의 생의 희망이며 생의 의미 전부였던 예수께서 희생양으로 죽으시고, 그 후 들려온 예수의 부활 소식은 실의와 좌절에 빠져 있는 그들을 다시 일으켜 세우기보다 더욱더 혼란에 빠지게 했습니다. 그들은 예루살렘에서 들은 소문에 대해 서로 이야기를 나누며 걷고 있었습니다.

　그때 그들의 대화에 갑자기 한 낯선 사람이 동행하여

대화하고 싶어했습니다. 그러자 그들은 며칠 새 일어난 슬픈 이야기와 들려온 부활 이야기를 들려주었습니다. 낯선 이도 함께 대화에 참여했습니다.

엠마오에 거의 도착했을 즈음에 이상하게도 그들의 마음에 깊은 감동이 일어나기 시작했습니다. 마침내 세 사람은 동네 밖에서 멈추었습니다. 해는 그들 앞으로 계속 나아가면서 언덕들이 있는 지평선에 흔적을 남겨 놓았습니다. 낯선 이는 길을 계속 가려고 하였습니다. 그러자 그들은 그에게 함께 머물기를 간청하였습니다. 낯선 이는 그 요청을 받아들였습니다. 그는 그들이 머무는 곳에 들어와 그들과 함께 음식을 먹으려고 앉았습니다. 그때 그는 빵을 들어서 축복하고 떼어서 그들에게 주었습니다. 그 순간 그들이 바라본 낯선 사람은 예수님이었습니다. 그들이 예수님을 알아보게 된 순간 그분은 사라지고 보이지 않았습니다. 이 식탁은 성만찬의 식탁입니다. 그 식탁에 부활의 주님께서 보이지 않는 손님으로 참여하십니다.

그들은 곧바로 일어나서 석양길로부터 예루살렘으로 발걸음을 옮겼습니다. 예루살렘은 더 이상 그들에게 비애와 슬픔, 상실의 장소가 아닌 새벽으로 가는 희망과 은총의 장소였습니다. 예루살렘으로 향하는 그들의 발걸음은 가벼웠고, 그들의 마음은 새로운 생의 계획과 희망으로 가득 차 있었습니다. 그들은 언제나 부활하신 주님이 그들과 함께하신다는 사실을 믿고 살아가게 되었습니다. 그들에게는 새로운 부르심이 있었고 새로운 생의 목적과 의미가 있었습니다. 그렇습니다. 신앙은 우리를 부활과 만나게 하는 결과를 내며, 또한 부활을 전제합니다.

엠마오는 우리가 과거의 고통으로부터 벗어나기 위해 택하는 길로 상징됩니다. 그러면서도 아무 대안을 발견하지 못하고 자기연민, 슬픔, 좌절에 우리 자신을 내어 맡긴 상태로 걸어가는 길입니다. 그러한 길로 걸어가는 우리를 주님은 그대로 버려두지 않고 그러한 인생의 길에 낯선 분으로 찾아오셔서 우리의 마음 문을 두드리십니다. 여기서 낯선 분이란 우리가 알아보지 못하는 분, 숨어 계신 분이라는 의미입니다. 우리가 엠마오 도상에서 만나는 주님은 우리에게 "왜 하나님의 약속을 믿지 못하고 좌절하느냐?"고 말씀하십니다. 주님은 우리의 깊은 회의에 찬 내면의 대화에 개입하십니다.

그리스도인들은 이 세상에서 엠마오로 향하고 있는 사람들이 아닙니다. 그리스도인들은 새벽을 향해 발걸음을 옮기고 있는 사람들입니다. 그들은 이 세상 사람들이 갖지 못한 부활의 주님을 체험한 사람들입니다. 그들의 신앙의 바탕에는 공통된 부활의 체험이 있습니다. 부활을 체험한 그리스도인들의 생의 목적지는 무덤이 아닙니다. 부활하신 주님의 보좌입니다. 우리는 그 주님의 부르심을 듣고 거기에 응답해 가고 있습니다. 주님의 부르심에는 은퇴나 끝이 없습니다. 그분의 부르심은 이 세상에서 우리의 생이 다하는 날 비로소 마치게 됩니다.

> 그제서야 그들의 눈이 열려서, 예수를 알아보았다. 그러나 한순간에 예수께서는 그들에게서 사라지셨다. 그들은 서로 말하였다. "길에서 그분이 우리에게 말씀하시고, 성경을 풀이하여 주실 때에, 우리의 마음이 [우리 속에서] 뜨거워지지 않았습니까?"(누가복음 24:31-32)

주님, 당신은 우리의 신학적 틀이나 생각에 갇혀 계시지 않고, 그러한 것들을 넘어서 당신의 자유 가운데 새롭게 나타나십니다. 오늘도 당신의 방식으로 나타내 보이시는 부활의 주님을 보게 하소서. 아멘.

Day 37

자기 개방과 포기, 동일시의 섬김

예수께서 십자가를 지신 것은 세상을 극진히 사랑하시는 하나님의 사랑을 가장 완전하게 나타내 보이신 사건입니다. 그러한 하나님의 사랑을 예수님의 생애에서 상징적으로 나타내 보이신 또 하나의 사건이 있습니다. 제자들의 발을 씻기신 아름다운 이야기입니다. 예수께서는 이 일을 제한된 시간적 상황에서 하셨습니다. 즉, 이 세상을 떠나 아버지께로 가실 그 시간을 내다보시며 제자들을 극진히 사랑해 주셨습니다. 그러한 사랑을 가장 완전하게 나타내 보이신 곳이 십자가입니다. 그 모든 시간은 아버지께로 가시는 시간인 동시에 형벌, 심판, 수치, 곤욕의 시간이기도 합니다.

예수님은 스스로 완전한 권위와 자유, 주권을 가지신 분으로서, 선택된 하나님의 대리자로서 제자들의 발을 씻기셨습니다. "유월절 전에 예수께서는, 자기가 이 세상을 떠나서 아버지께로 가야 할 때가 된 것을 아시고,"(요 13:1상)

예수께서 제자들의 발을 씻기신 행동은, 사람들에게는 숨겨진 신비스러운 차원에 속해 있었습니다. 예수님은 이 일을 통해 사람들의 눈에는 보이지 않지만, 언제나 모든 곳에 그리고 항상 인간 곁에 계시며, 인간의 삶의 바탕이 되어 존재하시고, 인간과 사랑의 교제 가운데서 새 창조의 일을 해 가시는 그 사랑의 하나님의 현존을 가장 현실적으로 나타내 보이셨습니다.

예수님은 그러한 하나님의 사랑을 스스로 자원해서 자유 가운데서 종의 모습으로 실현하셨습니다. 그러므로 예수님이 발을 씻기신 것에는 예수님과 일치를 이루어 장차 그러한 삶을 살아가라는 깊은 의미가 있습니다. 예수님의 인격과 삶은 이 세상에서 가장 자유롭고 진실한 사랑의 표현입니다. 예수님의 사랑은 우리 인간에게 보이지 않는 하나님이 어떤 분이신가를 어렴풋이나마 가르쳐 줍니다.

예수님은 십자가의 수난과 죽음을 통해서 그 하나님을 나타내 보이셨습니다. 그렇게 볼 때 예수님의 십자가의 길은 희망이 없는 어두움의 길, 허무의 길이 아닌 성부 하나님께로 가는 길입니다. 그래서 요한은 요한복음 13장에서 예수께서 아버지께로 가셔야 할 '때'의 과정에서 그러한 일을 하셨다는 것을 서두에 밝히고 있습니다. 성부 아버지께로 가시는 그 길은 제자들의 발을 씻기시고, 십자가를 지시고 지옥으로까지 내려가시는 철저한 자기 개방과 포기였습니다. 예수님과 자신을 나누며 일치를 이루고, 예수님에게 속하려고 하는 사람은 예수님이 바치시는 종의 섬김을 받아들여야 합니다. 그렇지 않으면 우리는 예수님과 상관이 없습니다.

예수님은 보잘것없는 사람들과 자신을 동일시하셨습니다. 예수님의 사랑은 권력과 지배권을 포기하시며, 그리고 가장 천한 봉사까지도 기꺼이 실천하시는 것이었습니다. 그러므로 누구든지 예수께 속하고자 하는 사람은 그러한 삶으로 바뀌어야 합니다. 그렇게 되기 위해서는 사고와 의식, 좀 더 나아가서는 존재 자체의 변화가 있어야 합니다. 그러한 힘은 오직 사랑으로만 가능합니다.

예수님은 인간이 모든 형태의 권력과 지배권을 포기하고 이웃에게 자신을 개방할 때 하나님을 만나 뵙게 된다는 사실을 보여 주셨습니다. 예수께서 발을 씻겨 주신 행동은 특히 오늘날 팽배한 인간의 모든 위선, 거짓, 하물며 지배권에 대한 도전이 되기도 합니다. 사랑만이 인간을 변화시킬 수 있고 세상을 변화시킬 수 있습니다. 그리고 사랑만이 무의미한 삶을 의미 있게 만듭니다.

주이며 선생인 내가 너희의 발을 씻겨 주었으니, 너희도 서로 남의 발을 씻겨 주어야 한다. (요한복음 13:14)

우리의 주이시며 스승이신 주님, 우리도 주님과 같이 우리 형제자매의 발을 씻겨 주는 삶을 살도록 도와주소서. 아멘.

Day 38

하나님의 지혜와 능력을 봅니다

 사도 바울은 십자가에 못 박혀 죽은 예수가 율법에 충성을 기울이고 있는 유대인들과 잘 계몽된 헬라 사람들에게는 어리석은 것이라 했습니다. 그러나 바울 자신은 그 어리석게 여겨지는 십자가에서 "하나님의 지혜와 능력을 본다."라고 하였습니다.

 그리스도인이 사도신경을 통해 "십자가에 못 박혀 죽으시고"의 고백을 하는 것은 십자가 사건이 단순히 한 인간 예수의 마지막 순간을 다룬 것이 아니라, 거기에는 하나님의 지혜와 능력이 포함되어 있기 때문입니다. 이 고백을 믿음으로 고백하는 사람들에게 십자가는 어리석은 것이 아니고, 하나님의 능력이며 하나님의 지혜입니다. 십자가는 희망의 문이며 우리의 미래입니다. 십자가가 없었다면 우리의 삶에는 희망이 없었을 것입니다. 십자가는 인류의 미래입니다.

먼저 십자가는 예수님이 분명히 이 세상에서 한 인간의 생을 살았던 인물임을 엄숙히 고려하여 확증해 줍니다. 예수의 십자가는 예수가 이 세상에 인간으로 오셔서 인간의 삶의 과정을 빠트리지 않고 연대하여 살아가셨다는 사실을 입증해 줍니다. 그러한 의미에서 십자가는 예수의 삶의 역사의 절정이 됩니다.

경험만이 아닌 사랑으로만 가능한 것이 연대입니다. 그러한 의미에서 골고다 언덕의 십자가는 인간과 연대해서 살아가신 예수의 생의 역사에서 절정이 됩니다. 십자가는 예수가 어떤 생을 살아가셨는지를 가장 확실하게 보증해 주고 있습니다.

하인리히 포겔(Heinrich Vogel)은 이 십자가의 의미에 대해 다음과 같이 말했습니다.

"'어떤 사람이 이 세상에서 가장 희망이 없는 자리가 어디인가?'라고 물을 수 있다. 그러면 그는 불치의 병을 앓고 있는 병자들만 있는 병동, 아우슈비츠와 같은 집단 수용소, 죽음의 가스실, 죽음을 기다리며 서 있는 감옥의 행렬, 평생 앞을 보지 못하고 살아가는 히로시마의 희생자들, 혹은 가장 고통스럽고 절망스러운 다른 자리를 생각할 수 있을 것이다. 그러나 세상에서 가장 깊은 절망의 자리는 하나님을 그토록 전적으로 신뢰하던 그 인간이 하나님 자신으로부터 버림을 받아 달려 있는 곳이다."

십자가는 이 세상에서 가장 절망적인 자리입니다. 우리 인간의 생의 역사에서 그 누구도 이 절망의 자리를 피해갈 수 없습니다. 그 자리는 바로 하나님과 단절된 자리이며, 죽음의 자리입니다. 예수는 바로 그 자리에까지 내려가셔서 인간의 삶과 자신을 연대시키셨습니다. 그 자리에서 예수는 철저히 하나님과의 단절을 체험하셨습니다. 거기서 예수는 "나의 하나님, 나의 하나님, 어찌하여 나를 버리셨습니까?"라고 절규하셨습니다.

예수에게 있어서 십자가는 전적으로 다른 사람을 위해 존재하는 삶의 표현입니다. 그러한 예수의 역사적 삶의 절정이 십자가입니다. 십자가는 인간 예수의 역사적 삶의 마감입니다.

우리는 십자가에 달리신 그리스도를 전합니다. 그리스도가 십자가에 달리셨다는 것은 유대 사람에게는 거리낌이고, 이방 사람에게는 어리석은 일입니다. 그러나 부르심을 받은 사람에게는, 유대 사람에게나 그리스 사람에게나, 이 그리스도는 하나님의 능력이요, 하나님의 지혜입니다. 하나님의 어리석음이 사람의 지혜보다 더 지혜롭고, 하나님의 약함이 사람의 강함보다 더 강합니다. (고린도전서 1:23-25)

죽음으로 모든 것을 깨끗하게 하신 주님, 우리가 갖고 있는 편견, 교만, 두려움, 쾌락에서 우리를 자유롭게 하시고 새로운 삶을 살아가게 해 주십시오. 아멘.

Day 39

자신을 십자가에 내놓으신 하나님

골고다 언덕의 십자가는 부활의 아침이 내다보이는 자리입니다. 그래서 바울은 십자가 없는 부활은 없고, 부활 없는 십자가는 있을 수 없다고 했습니다. 그러한 골고다 언덕 위의 십자가는 우리 삶의 한 부분입니다. 인간은 그 자리를 피해 갈 수 없습니다. 삶의 그 어둡고 절망적인 상황을 체험해 가며 살아가는 사람들은 유토피아를 꿈꾸기도 하고, 깊은 허무와 좌절에 빠지기도 합니다. 십자가는 유토피아와 허무주의 사이에 놓여 있는 매우 좁은 생명의 길입니다. 우리는 유토피아나 허무주의라는 허구적인 생의 환상의 길에서가 아닌, 십자가의 좁은 길에서 우리를 찾아오신 하나님, 우리를 기다리고 계시는 하나님을 만나게 됩니다.

십자가는 우리가 본받아야 할 희생적 삶, 자기를 내놓는 삶, 하나님께 순종하는 삶의 표현입니다. 이 십자가의 삶이란, 인간의 현실을 숙명적인 것이라 받아들이고 체념 가운데서 살아가는 삶에서는 불가능합니다. 십자가의 삶은 악, 불의, 억압에 대해 저항하고, 의의 길을 걸어가고자 하는 결단의 삶, 그리고 가난한 자, 억눌린 자, 고통 가운데 있는 자들의 삶과 자신을 연대시키는 데서 이루어집니다. 기독교 역사에서 교회가 계속해서 불의에 대해 저항해 오고, 디아코니아를 포기하지 않은 것은 바로 그러한 이유에서입니다.

골고다의 십자가는 모든 사람이 본받아야 할 삶의 모범입니다. 그리고 그것은 인류의 희망이며, 미래입니다. 성금요일은 인류 역사의 동터 오는 부활의 새 아침을 알리는 거룩한 날입니다. 예수는 십자가에서 잠깐 기절하신 것이 아니라 완전히 죽으셨습니다. 이것은 이 세상에서의 예수의 삶, 곧 하나님을 향한 복종의 삶, 헌신의 삶, 사랑의 삶의 마감을 의미합니다. 그분은 십자가에 못 박혀 죽으심으로 이 세상에서의 그분의 삶을 마치셨습니다. 예수는 이 세상에서 인간의 마지막 것까지 감수하심으로 그의 생을 마감하셨습니다.

이 세상을 극진히 사랑하시는 하나님의 사랑은 결국 그분의 사랑하는 아들이 십자가에 못 박히고 죽는 것으로 확인되었습니다. 하나님의 사랑에 대해 그 이상의 다른 어떤 것을 요구할 수 없습니다. 이것은 하나님의 자기희생입니다. 하나님 자신이 십자가에 자신을 내놓으신 것입니다.

십자가가 멸망하는 자들에게는 분명히 어리석은 것입니다. 십자가의 도가 어리석게 여겨진다는 것은 그 자체로 인간이 누구인가를 모르고 있는 것을 입증합니다. 인간이 누구인가를 모른다는 것은 인간의 문제가 무엇인지를 모르고 있다는 것입니다. 인간은 어떤 사람의 생각대로 고상하지도 않고, 지혜롭지도 않고, 도덕적으로 완전하지도 않습니다. 십자가라는 절망의 자리는 우리 인간 실존의 궁극적인 자리입니다. 십자가는 우리 인간이 하나님을 떠나 있다는 것, 우리는 결국 죽음을 면할 수 없다는 것을 말해 주고 있습니다. 그 죽음 앞에서는 인간의 모든 의미 있는 것들이 허무가 됩니다.

그러나 예수 그리스도가 이 십자가에서 죽으심으로 우리는 새로운 미래를 갖게 되었습니다. 이 십자가는 새로운 삶이 시작되는 자리가 되었습니다. 여기서 우리는 우리를 사랑하시고 우리를 기다리고 계시는 아버지 하나님을 만나게 됩니다.

나는 확신합니다. 죽음도, 삶도, 천사들도, 권세자들도, 현재 일도, 장래 일도, 능력도, 높음도, 깊음도, 그 밖에 어떤 피조물도, 우리를 우리 주 예수 그리스도 안에 있는 하나님의 사랑에서 끊을 수 없습니다. (로마서 8:38-39)

다시 살아나신 주님, 나라는 당신의 것이며, 권세도 당신의 것이며, 영광도 당신의 것입니다. 모든 것이 당신의 것입니다. 그 어떤 피조물도 당신의 사랑에서 당신에게 속한 것을 빼앗을 수 없습니다. 아멘.

Day 40

하나님은 생명이십니다

예수님에게 중요한 것은 이 땅에서의 성공, 명성이 아니었습니다. 아버지의 뜻에 순종하는 것이었습니다. 예수님의 삶은 하나님 아버지와의 교제에서 흘러나왔습니다. 그는 아버지께 귀를 기울이고 그분의 인도하심에 순종하면서 사셨습니다. 아버지께서 그를 광야로 이끄시면 그는 광야로 가셨고, 그를 사마리아의 우물이나 베데스다의 못가로 이끄시면 그곳으로 가셨습니다. 그는 아버지께서 험한 갈보리의 수치스러운 십자가로 보내시기를 원하실 때조차 고통스러워하면서도 그곳으로 가셨습니다. 이것이 예수님의 삶의 리듬이며 양식이었습니다.

우리는 하나님을 잘 믿으면 언제나 광야가 아닌 평안한

삶의 자리에 머무르며, 언제나 만사형통할 수 있는 행운을 맞는다고 생각합니다. 우리는 우리의 세속적인 창으로 하나님의 말씀을 들으려고 합니다. 우리가 만들어 놓은 종교적 의식에 하나님께서 오셔서 불을 붙여 주시기를 기대합니다.

그러나 예수님이 그분의 삶을 통해 보여 주신 하나님은 그러한 분이 아닙니다. 하늘에 계신 하나님 아버지는 우리의 기대에 따라 움직이시는 분이 아닙니다. 그분은 그분의 임의대로 움직이시는 분입니다. 우리는 우리의 창에 하나님을 끌어들이는 것이 아닌, '영혼의 창'을 통해 살아계시는 하나님께서 우리에게 다가와 말씀하시는 다양한 창을 통해 하나님의 말씀을 듣는 훈련을 해 나가야 합니다. 그럴 때 우리는 우리의 강요, 우리의 무엇, 우리의 왜곡됨을 어느 정도 볼 수 있을 것입니다.

우리는 그 창을 통해 우리의 소원을 성취해 가는 법이 아니라, 하나님의 뜻이라는 리듬에 맞추어 살아가는 방식을 배울 수 있습니다. 이제부터 우리는 매우 다원화된 '영혼의 창'으로 하나님의 리듬에 맞추어 살아가는 훈련을 지속적으로 해 가야 합니다. 그러한 삶에서 생명, 의미, 희망을 경험해 갈 수 있습니다.

지금까지 우리의 삶에는 내 삶, 내 필요, 내 욕망, 내 계획, 내 희망, 내 꿈, 내 직업, 내 사역, 내 휴식이 가득 채워져 있었습니다. 우리는 자아의 리듬에 맞추어 살아왔습니다. 자아의 리듬에 따라 살아가는 삶에는 생명이 없습니다. 생명이 없는 삶은 죽은 삶입니다. 우리의 삶에서 '나'가 아닌 '오직 당신의 뜻대로 하옵소서'라는 고백으로 초점이 바뀌어 갈 때 살아 계신 하나님과 교제의 삶이 이루어져 갑니다.

하나님의 뜻은 먼저 우리의 폐쇄된 창을 새롭게 열어 가는 데서부터 시작됩니다. 우리는 새롭게 열려 가는 창을 통해 살아 계신 하나님을 새롭게 만나게 됩니다. 예수께서 베데스다 못가에서 삼십팔 년 된 병자를 고치신 사건은 유대인들에게 새로운 영혼의 창을 통해 그들이 믿는 하나님이 어떤 분이신지를 보여 주신 사건입니다. 그 사건을 통해 자신을 나타내 보이신 하나님은 안식일에 아무것도 하지 않는 하나님이 아니었습니다. 그 하나님은 안식일에도 생명을 살리는 일은 무엇이든지 하시는 하나님이었습니다. 유대인들은 그 하나님을 보지 못했습니다. 예수님은 그 하나님을 그들에게 보여 주시기를 원하셨습니다. 그래서 생명의 일을 하시는 하나님의 사역에 그들이 참여하기를 원하셨습니다.

하나님은 살아 계신 분으로서 어떤 규범이나 우리의 사고의 틀에 묶여 있지 않으시고 언제나 그러한 범주를 넘어서 가십니다. 하나님은 생명이십니다.

인간은 결코 생물학적이거나 영적인 생명을 만들어 내지 못합니다. 영적인 생명을 받아서 그것을 나타낼 뿐입니다. 성경은 "우리의 주님이시며 구주이신 그리스도 예수에 대한 지식과 그의 은혜 안에서 자라십시오."(벧후 3:18상)라고 권면합니다. 이것은 빛 되신 그분의 말씀에 순종하며 하나님과의 교제 속에서 그분과 동행하는 지속적인 과정을 포함하고 있습니다. 그리스도를 닮아 가는 성숙의 길에 실험으로 증명된 지름길은 없습니다.

우리가 언제나 명심해야 할 것은 일상의 삶에서 악이 자리잡고 둥지를 틀지 않도록, 우리의 삶의 방식을 부활의 영이신 성령님의 리듬에 맞추어 살아가도록 지속적으로 훈련해야 한다는 것입니다. 쉬지 말고 기도하며, 모든 사람과 사랑의 사귐의 삶, 평화의 삶을 살아가는 방식을 익히고, 어떤 상황에서도 삶을 긍정하는 습관을 길러 가야 합니다. 그리고 무엇보다 중요한 것은 나 중심의 삶에서 하나님 중심의 삶으로 삶의 방식을 부단히 수정해 가야 합니다. 우리는 평생 시험 가운데서 생을 방황하면서 살다가 죽는 어둠의 자녀로 태어난 사람들이 아닙니다. 우리는 하나님의 자녀들입니다.

예수께서 그들에게 말씀하셨다. "나의 양식은, 나를 보내신 분의 뜻을 행하고, 그분의 일을 이루는 것이다."(요한복음 4:34)

만물을 새롭게 하시는 하나님, 저를 하나님 나라의 동역자로 불러 주시니 감사합니다. 저를 부르신 하나님의 뜻을 깨닫고 행할 수 있도록 도와주십시오. 아멘.

For those who have entered the path of the truth seeker

구도자의 길을 걷는 이를 위한 묵상글과
오르간 묵상 노래가 담긴 책

for 40days